एक औरत हिपेशिया भी थी

(नाटक)

एक औरत
हिपेशिया भी थी

हबीब तनवीर

वाणी प्रकाशन

वाणी प्रकाशन का 'लोगो'
विख्यात चित्रकार मक़बूल फ़िदा हुसेन की
कूची से

ISBN : 978-81-8143-235-3

वाणी प्रकाशन
21-ए, दरियागंज, नयी दिल्ली-110002
द्वारा प्रकाशित

फोन : 0091#11#23273167, 23275710
फैक्स : 0091#11#23275710
ई-मेल : vaniprakashan@gmail.com
vani_prakashan@yahoo.com
वेबसाइट : www.vaniprakashan.com

प्रथम संस्करण : 2004
द्वितीय आवृत्ति संस्करण : 2009

मूल्य : 150.00
आवरण : वाणी प्रकाशन
जय भारत प्रिंटिंग प्रेस, शाहदरा, दिल्ली-110032
द्वारा मुद्रित

EK AURAT HIPESHIYA BHEE THEE
(Play) by : Habib Tanvir

पात्र

रावी 1 : ईश्वर
रावी 2 : रोहित भाटिया
हिपेशिया : मलयश्री हाशमी
साइनिसियस : सुधन्वा देशपांडे
कोचवान : बृजेंद्र सिंह
ग्रेगरी : सैफ़
बिलाल : संजय
अन्य छात्र : ईश्वर, रोहित, अनिल, विजय, ध्रुव, सतनाम, क़मर
सिरिल : बृजेश शर्मा
पीटर : नील डोगरा
ऑरिस्टीज़ : अज़फ़र
एक मर्द : विजय कालिया
दूसरा मर्द : नितिन
औरत : सुपर्णा
बच्चा : निदू
सेत : सैफ़
आइसिस : शीला
नेफताइल : सुपर्णा
होरस : ध्रुवभानु
अफ़सर : शकील
सिपाही 1 : ईश्वर
सिपाही 2 : रोहित
दुकानदार : शीला, ध्रुवभानु, सक़ी
हज्जाम : विजय
पागल औरत : स्मिता शर्मा
मुअर्रिख़ : अनिल कोली
अमोनियस : संजय
राहिब : विजय कालिया, सक़ी, क़मर, ध्रुव, सतनाम, सैफ़, नितिन, सोमन
शहरी : विजय कालिया, शिरोमणि, नितिन, सतनाम

• प्रथम प्रस्तुति–अक्टूबर, 1999, जननाट्य मंच, नयी दिल्ली

मंच के पीछे

सहायक निर्देशक : सुधन्वा देशपांडे
वेशभूषा व प्रॉपटीज़ : मोनिका मिश्र, शैहला, हाशमी ग्रेवाल
प्रकाश : प्रवीन, विजय कालिया
लेखक व निर्देशक : हबीब तनवीर

भूमिका

(मंच पर कलाकार एक दायरे में बैठे हैं। किसी बात पर बहस चल रही है। उनमें से दो उठकर दर्शकों के सामने आते हैं।)

रावी 1 : (*दर्शकों से*) देखिए हम लोग एक मसले पर बहुत देर से गौर कर रहे हैं, लेकिन किसी ख़ास नतीजे पर नहीं पहुँच पाए, चुनांचे हमने यह फ़ैसला किया, क्यों न यह मामला जनता की अदालत में पेश किया जाए।

रावी 2 : क्योंकि हम बहस करते-करते थक गए हैं।

रावी 1 : (*दूसरे रावी से*) बहस कहाँ से शुरू की जाए।

रावी 2 : वहीं से शुरू करें जहाँ से हम लोग खुद उलझ गए थे।

रावी 1 : चलिए शुरू कीजिए।

रावी 2 : दोस्तो, हमारी बहस शुरू हुई थी बाबरी मस्जिद से, बाबरी मस्जिद क्यों तोड़ी गई? उसका कारण क्या था?

रावी 1 : मज़हब।

रावी 2 : नहीं, पॉलिटिक्स।

रावी 1 : मज़हब।

रावी 2 : पॉलिटिक्स या सत्ता का लोभ। दरअसल ये जिस चीज़ को नतीजा कह रहे थे मैं उसे सबब गरदानता था।

रावी 1 : ये कहते थे मस्जिद टूटना ही वो सबब है जिसके नतीजे बाद में फसादात के रूप में हम देखते रहे हैं।

रावी 2 : मैं बाबरी मस्जिद कांड को अपने इतिहास का एक ऐसा मोड़

मानता हूँ जहाँ से एक नए फासीवादी रुझान की इब्तिदा होती है।

रावी 1 : बिल आख़िर, जब इसी तरह बहस खामख़ां की तकरार की सूरत इख़्तियार करने लगी तो हमने समझौता कर लिया।

रावी 2 : हमने यह कहा कि चलो मज़हब और पॉलिटिक्स, दोनों ही को मस्जिद के टूटने का कारण मान लेते हैं।

रावी 1 : लेकिन यह समझौता हमने तकरार बंद करने के लिए किया था, दिल साफ नहीं हुए थे।

रावी 2 : फिर मैंने एक मिसाल दी।

रावी 1 : लेकिन मिसाल के बाद भी बात वहीं की वहीं रही।

रावी 2 : इसीलिए हम आपके पास आए हैं।

रावी 1 : यह ज़रूरी है कि वो मिसाल भी दर्शक के सामने रखी जाए।

रावी 2 : मिसाल थी रोमन सल्तनत के प्रदेश अस्कंदरिया के कुछ वाकेयात।

रावी 1 : जो चौथी सदी ई. के अख़ीर और पाँचवीं सदी ई. के शुरू में गुजरे थे। जिनसे हमें आज भी सबक मिलता है।

रावी 2 : लेकिन यह पंद्रह-सोलह सौ साल पुराना वाकेया है।

रावी 1 : फिर भी इसका ताल्लुक हमारी आज की स्थिति से है।

रावी 2 : ईसाइयों की मिसाल देकर आप क्या साबित करना चाहते हैं।

रावी 1 : मकसद ईसाइयों के ऐब गिनवाना नहीं है।

रावी 2 : अभी हाल में जो हमारे यहाँ ईसाइयों पर दमन हुआ है, क्या आप उसे जायज़ समझते हैं?

रावी 1 : हरगिज़ नहीं।

रावी 2 : इस मिसाल से तो लोग यही समझेंगे कि ईसाई होते ही वैसे हैं।

रावी 1 : हरगिज़ नहीं। पुराने मिस्र के ईसाइयों का क़िस्सा अलग है और आज के हिंदुस्तान के मजलूम ईसाइयों की कहानी कुछ

और है।

रावी 2 : तो लीजिए हम आपके सामने वही मिसाल पेश करते हैं।

रावी 1 : अस्कंदरिया, 391 ई.।

रावी 2 : बस अब आप देख लें और फैसला करें।

रावी 1 : चलो भई शुरू करो।

रावी 2 : अरे सब कलाकार आ गए।

कलाकार : एक दो अभी तक नहीं पहुँचे हैं।

रावी 2 : चलो तो हम लोग भी अभिनय करने पर मज़बूर हैं।

रावी 1 : शेक्सपियर ने कहा था कि हम अगर दो आर्टिस्ट मंच पर पेश करें तो आप दो सौ समझिए और दस पेश करें तो दस हज़ार मान कर चलिए।

रावी 2 : अब बोर मत करो नाटक शुरू करो।

रावी 1 : नाटक का शीर्षक है एक औरत हिपेशिया भी थी।

(गीत)

अक्ल की दुनिया में जिस क़दर भी थी
वो सब एक शख़्स में समाई थी
एक औरत हिपेशिया भी थी।
शक्ल महताब हुस्न की पहली
जिससे दुनिया में रोशनी फैली
एक औरत हिपेशिया भी थी।
अक्ल की वैसी दिल की भी वैसी
उसको हर शख़्स से थी हमदर्दी
आप अपनी मिसाल थी वैसी
एक औरत हिपेशिया भी थी।
उसके क्या-क्या हुनर मैं गिनवाऊँ
कम हैं जितना भी उसके गुन गाऊँ
एक औरत हिपेशिया भी थी।

दृश्य एक

(हिपेशिया का क्लास रूम, बात करते हुए सबका प्रवेश)

साइनिसियस : इयूरेका। (*सब हँसते हैं*) मुझे दरअसल हाइड्रोस्टेटिक्स में दिलचस्पी पैदा हो गई थी। आपने समझा दिया कि इस साइंस का दारोमदार भी आर्कमिडीज़ के उसूलों पर है। बस तो अब इस पर मैं गौर कर रहा हूँ और पूरी तरह से समझ गया हूँ।

हिपेशिया : ठीक है। अब अगर इस सिलसिले में कुछ और पूछना बाकी रह भी गया हो, तो आप लोग आखिर थर्सडे मीटिंग्स में मुझसे मिलते ही रहते हैं, और साइनिसियस, तुम तो मेरा बहुत दिमाग़ चाटते रहते हो! वहाँ बाज़ार में मुझे ज़्यादा फ़ुर्सत भी होती है। बस बिला तकल्लुफ़ वहीं पूछ लीजिएगा! ठीक है! (*कोचवान से किताबें लेती है। कोचवान का प्रस्थान। क्लास में सब लोग बैठते हैं।*) आज हम उस फ़लसफ़े के बारे में बात करेंगे, जिसका ताल्लुक अफ़लातून से है। अफ़लातून जिसे प्लेटो भी कहते हैं और उसके फलसफ़े को प्लेटोनिज़्म कहते हैं। प्लेटो के ख़याल को मैं बहुत सादा अलफ़ाज़ में समझाने की कोशिश करूँगी। कहीं कोई बात किसी की समझ में न आए तो ज़रूर पूछ लीजिएगा।

बच्चा बहुत छोटी उम्र से ही ठोस चीज़ों को देखता है और इस तजुर्बे से अपने दिमाग़ में नंबरों का एक ख़याल पैदा

करता है, जिसका ताल्लुक़ उन ठोस चीज़ों से अगर पहले था, तो आगे चलकर नहीं रह जाता। मसलन वह देखता है कि उसके माँ-बाप दो हैं, बस उसके ज़हन में नंबर दो का तसव्वुर पैदा हो जाता है। आप कितने मोज़े पहनते हैं?

एक लड़का : दो।

हिपेशिया : कितने दस्ताने पहनते हैं?

एक लड़का : दो।

हिपेशिया : चाँद और सूरज कितने हुए?

एक लड़का : दो।

हिपेशिया : अब नंबर दो को समझने के लिए क्या आपको मोज़ों, दस्तानों, वगैरह की मिसाल देना ज़रूरी है?

लड़के : जी नहीं।

हिपेशिया : नंबर दो बस अब आपके ज़हन में एक नंबर, एक ख़याल बनकर उभरता है। अब इसके बाद आगे के नंबरों तक पहुँचना मुश्किल नज़र नहीं आता। हमें नौ या दस तक पहुँचने के लिए नौ या दस चीजों को इस संख्या में देखने की ज़रूरत महसूस नहीं होती। यही प्लेटो का उसूल है। प्लेटो का आदर्श। इस आदर्श के मुताबिक नंबरों में बजाते खुद मानी मतलब मौजूद हैं।

प्लेटो के फ़लसफ़े के सिर्फ़ इस एक उसूल के बारे में फिलहाल हम बात कर रहे हैं। वैसे यह कहने की ज़रूरत नहीं है कि गणित के अलावा प्लेटो के आदर्शों में और बहुत कुछ शामिल है, मसलन ख़ूबसूरती किसे कहते हैं, इसकी कितनी किस्में हैं, सच्चाई क्या है, अच्छाई की तारीफ वग़ैरह-वग़ैरह यानि वो क़द्रें, जिनसे हमें रात-दिन साबका पड़ता रहता है। लेकिन शायद मैथेमैटिक्स की मिसाल से ज़्यादा साफ़ और कोई मिसाल नहीं होती और यही हमारा विषय भी है।

अब हम अगर अपनी कल्पना को यहाँ से आगे ले जाएँ

तो देखेंगे कि जिस तरह हमारे आदर्श में यानि हमारे नंबर दो के ख़याल की हक़ीक़त में ज्यादा गहराई है बनिस्बत उन चीज़ों के, जिनके ज़रिए हम नंबर दो के ख़याल तक पहुँचे, उसी तरह सब आदर्शों से परे एक और भी ज़्यादा गहरी हक़ीक़त है, जिसे हम आदर्शों का आदर्श, ख़यालों का ख़याल कह सकते हैं, और वह है--नंबर एक, यानि इकाई का तसव्वुर।

हम इस ख़याल को नियो-प्लेटोनिज्म कहते हैं जिसकी बुनियाद प्लोटिनस ने डाली। नियो-प्लेटोनिज्म का मतलब है नई प्लेटोनिज्म, यानि प्लेटो के फ़लसफ़े को पुनर्जन्म देना। इस सिलसिले में कोई सवाल?

बहुत-सी आवाजें : जी हम समझ गए। अच्छी तरह समझ गए। बात बिल्कुल साफ है।

एक लड़का : मैडम!

हिपेशिया : देखिए जो नए छात्र हैं वो इस बात का ध्यान रखें कि मुझे मैडम कहकर न पुकारें। पुराने छात्रों को यह बात मालूम है। वो मुझे हिपेशिया कहते हैं। बेशक आप भी मुझे हिपेशिया कहें। हाँ, कहो!

एक लड़का : हिपेशिया! बहुत से नंबर मंत्र की तरह भी इस्तेमाल किए जाते हैं। फिर कुछ नंबरों को अच्छा मानते हैं, और कुछ को बुरा। हम देखते हैं कि नंबर 3 या 7, या 9 या छः बार बीस के आगे छः यानि 126 बार-बार कथाओं में आते हैं। नंबर 13 को बुरा समझा जाता है। वग़ैरह-वग़ैरह। तो क्या नंबरों में खुद अपनी कोई ताकत छुपी होती है?

हिपेशिया : नहीं, नंबरों में खुद अपनी कोई ऐसी ताक़त नहीं होती। नंबरों से कथाओं में दिलचस्पी ज़रूर बढ़ जाती है, और शायद एक तरह का ज़ोर पैदा होता है। मसलन किसी पर तीन बार

लानत भेजना। लेकिन इससे हमारे विषय का ताल्लुक़ नहीं है। हमारा विषय बस नंबर का वह ख़याल है जो 3 या 13 कहते ही आपके दिमाग़ में पैदा हो जाता है। और कोई सवाल?

(नारों का शोर--गर्व से बोलो कौन हैं हम, है ईसाई अपना धर्म। सब बाहर देखते हैं।)

हिपेशिया : ये शोर कैसा (*शोर बढ़ता है पॉल बाहर जाता है*)

एक लड़का : राहिबों की आवाज है।

हिपेशिया : राहिब यहाँ क्या कर रहे हैं। (*पॉल वापस आता है*) क्या बात है पॉल?

पॉल : ईसाइयों का शोर है शायद सेरापीस का मंदिर तोड़ने जा रहे हैं। (*बाहर जाते हैं*)

हिपेशिया : हूँ......। अच्छा बैठ जाओ क्लास में ध्यान दो।

(शोर रफ्ता-रफ्ता दूर चला जाता है)

साइनिसियस : हिपेशिया।

हिपेशिया : हाँ कहो।

साइनिसियस : मैथेमैटिक्स और धर्म-मज़हब के उसूलों में क्या फ़र्क़ है?

हिपेशिया : वही फ़र्क़ है, जो एक ठोस हक़ीक़त और क़िस्से-कहानियों में होता है।

साइनिसियस : लेकिन फ़लसफ़े का तो मज़हब में भी दख़ल होता है।

हिपेशिया : ज़रूर होता है, लेकिन उसे परखा नहीं जा सकता।

साइनिसियस : मसलन इकाई या एकपन के तसव्वुर को लीजिए। इसी तसव्वुर पर यहूदी और ईसाई मज़हब दोनों का आधार है।

हिपेशिया : बिल्कुल सही। साइनिसियस, इसी बुनियाद पर अफ़लातून भी उस एक हकीकत की तरफ़ इशारा करता है। पाइथागोरस भी यही कहता है। और दुनिया के बहुत से मज़हबों में यह तसव्वुर मौजूद है। यहाँ तक कि मिस्र के मज़हब में भी एक ज़माने में ये तसव्वुर मौजूद था।

साइनिसियस : कौन से ज़माने में?

हिपेशिया : आज से हज़ारों साल पहले। अख़नेतून के ज़माने में हालाँकि अख़नेतून के बाद, उसका ये मज़हब ख़त्म कर दिया गया। इसके बावजूद आगे चलकर यानि हज़ारों साल बाद, बल्कि यूँ कहना चाहिए, कि हमारे ज़माने में, इसका असर यहूदी और ईसाई मज़हबों पर पड़ा।

साइनिसियस : मज़हब चाहे यहूदी हो चाहे ईसाई, चाहे उन तमाम मज़हबों में से कोई भी हो, जिन्हें पेगन मज़हब कहा जाता है, उनमें हर एक में बहुत से क़िस्से-कहानियाँ, कविता, कहावतें ऐसी होती हैं, जिन पर अगर एक चिंतक ग़ौर करे तो बहुत से ठोस मानी मतलब निकाल सकता है, बिल्कुल हिसाब और गणित की तरह। क्या यह मुमकिन नहीं कि हम मज़हब की किताबों को विज्ञान और फ़लसफ़े की दृष्टि से समझने की कोशिश करें?

हिपेशिया : बिल्कुल मुमकिन है। मिस्र के पुराने मज़हबों में बहुत से ख़यालात ऐसे हैं, जो मैथेमैटिक्स के आधार पर सोचे गए हैं। चुनांचे अगर तलाश किया जाए तो ओसाइरिस, आइसिस, होरस और सेत के क़िस्से-कहानियों में तुम्हें बहुत-सी विद्याओं का अतापता मिलेगा।

एक लड़का : हिपेशिया, ओसाइरिस और सेरापीस में क्या फ़र्क़ है?

हिपेशिया : ओसाइरिस मिस्र का सबसे बड़ा देवता है और बहुत पुराना। साइनिसियस इस सवाल का जवाब तुम दो।

साइनिसियस : सेरापीस बाहर से मिस्र में लाया गया था। लेकिन इसे भी बहुत ज़माना हो गया चुनांचे अब बहुत से लोग सेरापीस के ओसाइरिस ही का अवतार मानने लगे हैं।

लड़का 2 : ओसाइरिस और आइसिस के कौन-से क़िस्से-कहानियों की तरफ़ आप इशारा कर रहे हैं?

हिपेशिया : साइनिसियस तुम बताओ।

साइनिसियस : ओसाइरिस, ग़ेब का बेटा ग़ेब का मतलब है ज़मीन, और असाइरिस की बीवी का नाम है—आइसिस, जो नूत की बेटी है। नूत का मतलब है आसमान। इस देवता की एक बहुत दिलचस्प कहानी है।

हिपेशिया : कहानी सुनाओ भई।

साइनिसियस : ओसाइरिस का एक भाई था—सेत, जिसका बदन इंसान का और सर सियार का था। और जो रेगिस्तान का राजा था। सेत को ओसाइरिस से बैर था, चुनांचे उसने उसे मार दिया। इस तरह नील की सर सब्ज़ो शादाब वादी की तरफ़ रेगिस्तान फैलने लगा। ओसाइरिस के बेटे होरस ने अपने बाप का बदला लिया, और सेत को जंग में खत्म कर दिया। इस तरह मिस्र में फिर से शादाबी आ गई। इस लड़ाई में होरस की एक आँख जाती रही। इससे मुराद है चाँद का ग़ायब हो जाना। होरस को सूरज का देवता रे भी माना जाता है। जिसकी एक आँख को सूरज और दूसरी को चाँद कहते हैं।

हिपेशिया : आप लोगों ने देखा? इसका ताल्लुक फसलों से, कृषि से भी है और मैथेमैटिक्स से भी।

लड़का 1 : वो कैसे?

साइनिसियस : प्लॉटिनस, चाँद, सूरज, ज़मीन और सितारों की गर्दिश के बारे में हमें बताता है। ओसाइरिस का ये क़िस्सा चाँद की गर्दिश की तरफ़ इशारा करता है।

हिपेशिया : यानि प्राचीन काल के आदमी के अनुमान का पता देता है।

साइनिसियस : जी। गोया एक लिहाज से खगोल की इब्तिदा। ओसाइरिस के इस क़िस्से में एक किस्म के ट्रिनिटी का भी परिचय है।

हिपेशिया : साइनिसियस तुमने जस्टिन मार्टर का नाम सुना है?

साइनिसियस : जी हाँ नाम सुना है। लेकिन उनकी किताबें नहीं पढ़ी हैं।

हिपेशिया : ज़रूर पढ़ो। तुम्हें बहुत-सी बातों का जवाब उनकी किताबों में मिल जाएगा। उन्होंने ईसाई मज़हब पे जो लिखा है उसमें

पेगन मज़हबों और नियो-प्लेटोनिज़्म की बहुत-सी बातों से फ़ायदा उठाया है।

साइनिसियस : ये किताबें मुझे कहाँ से मिल सकती हैं? लाइब्रेरी तो बाक़ी रही नहीं।

हिपेशिया : मेरे पास हैं। मैं तुम्हें दूँगी।

साइनिसियस : हिपेशिया मैं एस्ट्रोलेब के बारे में कुछ पूछना चाहूँगा।

हिपेशिया : ज़रूर पूछो।

साइनिसियस : इस वक्त नहीं। इसका क्लास से ताल्लुक नहीं। ये मेरा अपना मसला है।

हिपेशिया : मेरी बग्घी में चलने के लिए तुम्हें किसी बहाने की ज़रूरत नहीं है साइनिसियस। तुम आख़िर चौक तक मेरे साथ अकसर आते ही हो और मुझे तुम्हारी बातों में मज़ा भी आता है।

साइनिसियस : मैं सोच रहा था, कहो तो आज मैं लीबिया की एक ख़ास चीज़ पकाकर तुम्हें खिलाऊँ।

हिपेशिया : यानि आज मेरे घर तक चलना चाहते हो। ज़रूर आओ, मैं लीबिया का तुम्हारा वो ख़ास पकवान भी खाना चाहूँगी।

साइनिसियस : और मैं आपसे जस्टिन मार्टर की वो किताबें भी ले लूँगा।
(सब हँसते हैं)

हिपेशिया : ज़रूर-ज़रूर। किसी को कुछ और पूछना है?

लड़का 3 : हिपेशिया, मिस्र के फिरओनो को ज़िंदगी में होरस और मरने के बाद ओसाइरिस क्यों कहा जाता है?
(पॉल भागता हुआ वापस आता है)

पॉल : साइनिसियस।

साइनिसियस : क्या हुआ पॉल?

पॉल : साइनिसियस मैं बहुत शर्मिंदा हूँ।

हिपेशिया : पॉल क्या बात है? साफ-साफ बताओ।

पॉल : ईसाइयों ने सेरापीस का मंदिर तोड़ दिया।

साइनिसियस : क्या?

पॉल : हाँ साइनिसियस मैं अपनी आँखों से देखकर आ रहा हूँ।

हिपेशिया : उन्हें शंहशाह थियोडोसियस के हुक्म का इंतज़ार था। फरमान आ गया होगा।

पॉल : जी हाँ, फादर थियोफिलस ने फरमान पढ़कर सुनाया लोग ख़ामोशी से सुनते रहे। फिर मंदिर के लोगों ने चीख पुकार शुरू कर दी, कहने लगे सेरापीस की मूर्ति को हाथ मत लगाइए, वरना मंदिर की छत गिर जाएगी। तूफ़ान आएगा। सारे मुल्क में कहर आ जाएगा। फिर भी ईसाई आगे बढ़ गए और उन्होंने मूर्ति के टुकड़े-टुकड़े कर दिए। साइनिसियस मुझे बहुत सदमा है और बेहद शर्मिंदगी।

साइनिसियस : हिपेशिया ये अच्छा नहीं हुआ।

हिपेशिया : एक इबादतगाह को तोड़ दिया जाना समाज में फिसाद के बीज बोने के बराबर है। इसका नतीजा यकीनन बुरा होगा। हम लोग कल यहीं मिलेंगे। बाकी सवालात आप लोग पूछ सकते हैं। साइनिसियस आओ, चलें।

(सब जाते हैं। कोचवान अंदर आकर किताबें लेकर जाता है। रावियों का प्रवेश)

रावी 1 : सन् 391 ई. में अस्कंदरिया के पेट्रियार्क थियोफिलस ने सेरापीस का मंदिर तुड़वा दिया। कुछ उसी तरह जिस तरह बाबरी मस्जिद तोड़ दी गई।

रावी 2 : और उसकी जगह गिरजा स्थापित कर दिया।

(यकायक शोरो-गुल, नारे जला दो! इन सब दहरिया किताबों को जला दो।)

रावी 1 : भीड़ नाम है तेल में भीगे एक रूई के गाले का जिसे एक चिनगारी आग के धधकते हुए शोलों में बदल देती है।

रावी 2 : भीड़ नाम है एक ज़बर्दस्त भयानक जानवर का, जो हज़ारों पैरों पर चलता है, और बहुत तेज़ी से चलता है, लेकिन जिसका सर नहीं होता।

रावी 1 : और अगर सर होता है तो उसमें दिमाग़ नहीं होता।

रावी 2 : बस, एक कोई भावना डाल दी जाती है, और इस भावना के सहारे वह मरने-मारने पर आमादा हो जाता है।

(वही शोर अज़ सरे नौ रावी शोर की तरफ़ देखते हुए दूसरी तरफ़ जाते हैं)

रावी 1 : सुनिए! ग़ौर से सुनिए! यह है अस्कंदरिया की वह मशहूरो-मारूफ़ अज़ीमुश्शान लाइब्रेरी, जो नज़्रे-आतिश की जा रही है।

रावी 2 : इससे पहले रोमन ज़माने में ये लाइब्रेरी जली थी।

रावी 1 : और ईसाइयों के बाद मुसलमान सल्तनत के ज़माने में फिर जलाई गई थी।

रावी 2 : और आज भी यही हो रहा है, हमारे यहाँ किताबें अगर जलाई नहीं जा रही हैं, तो बदली जा रही हैं। और किताबें बदल देने में और जला देने में बहुत कम फ़र्क़ है।

रावी 1 : इतिहास बदला जा रहा है और शायद हमेशा बदला जाता रहा है।

रावी 2 : इस ख़याल के मातहत कि जब तक पुरानी किताबें जला नहीं दी जाएँगी उस वक्त तक नया दौर शुरू नहीं हो सकता।

रावी 1 : नया दौर आया।

रावी 2 : और दुनिया सैकड़ों बरस तक अँधेरे के ग़ार में धकेल दी गई।

रावी 1 : अस्कंदरिया की लाइब्रेरी जला देने के बाद दुनिया का सारा इल्म एक व्यक्ति पर केंद्रित होकर रह गया था।

रावी 2 : हिपेशिया और उसके बाम थियोन की लिखी हुई खगोल और गणित की किताबें भी जला दी गईं।

रावी 1 : हिपेशिया के बारे में जानकारी हमें किताबों से कम और उन खतों से ज्यादा मिलती है जो उसके दोस्त और सबसे जहीन शागिर्द साइनिसियस ने हिपेशिया को लिखे।

रावी 2 : साइनिसियस बहुईश्वरवादी था यानि पेगन जिसे पेट्रियार्क

थियोफिलस ने ईसाई बनाया।

रावी 1 : साइनिसियस आगे चलकर लीबिया के शहर साइरीन का बिशप मुकर्रर हुआ।

रावी 2 : थियोफिलस के मरने पर पेट्रियार्क का चुनाव हुआ और फादर सिरिल बिशप हुए।

(गीत)

हमको इंसान से हैवान बनाया जिसने
सरे-बाज़ार हमें कत्ल कराया जिसने
जुल्म से जुल्म का एहसास दिलाया जिसने
अब उसे जुल्म का अंजाम भुगतना होगा
अक्ल को दश्ते-जहालत में भटकना होगा...2
शाखे इरफाँ को बदस्तूर जलाया जिसने
इश्क को खाक में रह-रह के मिलाया जिसने
कौम को खानमाँ-बर्बाद बनाया जिसने
अब उसे जुल्म का अंजाम भुगतना होगा
अक्ल को दश्ते-जहालत में भटकना होगा...3

दृश्य दो

(गिरजा के अंदर का एक कमरा)

सिरिल : (*पीटर से मुख़ातिब होकर*) पीटर! चुनाव के फौरन बाद मैंने तुम्हें कुछ एहकामात दिए थे, उन पर अब तक क्या अमल हुआ?

पीटर : मैंने नाइट्रिया के राहिबों को नोवेटस के मानने वालों के अड्डों और गिरजाओं पर कब्ज़ा जमाने और वहाँ के पाक़ीज़ा बर्तनों को हमारे पास भिजवाने का काम सौंप दिया था। वहाँ के बिशप ने ज़रूर एक हंगामा खड़ा किया था...

सिरिल : कैसा हंगामा?

पीटर : वो और उनके साथी गिरजा के सामने खड़े हो गए और कहने लगे—हम ईसाई हैं। नोवेटस ईसाई हैं। तुम्हारी तरह हम भी ईसा मसीह को मानते हैं। फिर तुम लोग खुद ईसाई होकर ईसाइयों पर क्यों जुल्म कर रहे हो? बिशप ने कहा पहले नोवेटस से मिलकर बातें कर लो। उसके बाद हमारे पास आओ। देखोगे कि तुम्हारे दिल बदल गए हैं।

सिरिल : बिशप ने ये कहा?

पीटर : मुझे यही खबर मिली थी।

सिरिल : फिर।

पीटर : हमारे राहिबों ने कहा नोवेटस कहाँ हैं? मालूम हुआ वो प्रचार के लिए निकल गए हैं।

सिरिल : फिर क्या हुआ? गिरजा पर कब्ज़ा हुआ या नहीं?

पीटर : आपके हुक्म की खिलाफ़वर्जी नाइट्रिया के राहिब भला क्यों कर कर सकते थे।

सिरिल : चुनांचे कब्ज़ा हो गया?

पीटर : राहिबों ने कहा नोवेटस यतीमों को लूटता है, बेवाओं के साथ धोखाधड़ी करता है और फ़िजूल कामों में चर्च के ख़ज़ानों को ख़र्च कर रहा है। और चारों तरफ़ ईसाई मज़हब की गलत तालीम दे रहा है।

सिरिल : क़ब्ज़ा हुआ या नहीं?

पीटर : कब्ज़ा हुआ। आपकी ये बातें दोहराने के बाद राहिबों ने धावा बोल दिया और गिरजा पर भी कब्ज़ा कर लिया। और बिशप के पास जितना माल असबाब और जायदाद थी उसे लूट लिया। जो पाकीज़ा बर्तन हमारे पास पहुँच गए हैं, उन्हें अगर आप देखना चाहें तो हाज़िर करूँ।

सिरिल : मैं खुद चलकर देख लेता हूँ। पहले तुम अपनी रपट पूरी करो।

पीटर : क्या आप यहूदियों को शहर-बदर करने के बारे में पूछ रहे हैं? फादर, दोनों काम एक साथ करना मुश्किल था। आख़िर हमारा साथ देने वाले यही नाइट्रिया की खानक़ाह के राहिब हैं, जो बड़ी तादाद में इस वक्त नोवेटस के मानने वालों को दबाने में लगे हुए हैं। बल्कि आपके हुक्म के मुताबिक ऐरियस के मानने वालों से भी निपट रहे हैं। ये इस काम से फ़ारिग़ हो जाएँ, तो इन्हीं की मदद से दूसरा काम भी सरअंजाम दिया जा सकता है।

सिरिल : पीटर दोनों कामों का एक-दूसरे से ताल्लुक़ है। अगर राहिबों का एक दल एक काम में लगा है तो दूसरा दल दूसरे काम में लग सकता है। इस तरह एक काम का दूसरे काम पर अच्छा असर पड़ेगा, और लोगों को सबक़ मिलेगा। उनका

सर कुचलना आसान हो जाएगा। और फिर आख़िर हमारे मानने वालों की संख्या भी तो ऐसी कम नहीं है।

पीटर : फादर सिरिल का हुक्म सर आँखों पर। मालूम नहीं मुझे खुद यह बात क्यों नहीं सूझी। मैं अभी राहिबों का एक दस्ता बुलवाता हूँ ताकि यह दूसरा मुबारक काम भी अंजाम तक पहुँचे।

सिरिल : बहुत-खूब।

(झुक-झुक कर सलाम करता हुआ पीटर निकल जाता है। सिरिल कुछ देर सोचने की मुद्रा में खड़ा रहता है फिर बाहर जाता है। पीटर एक औरत और दो मर्दों के साथ अंदर आता है।)

पीटर : यहाँ इंतज़ार कीजिए फादर अभी आते हैं।

(पीटर अंदर जाता है)

औरत : मुझे तो ऐसा लग रहा है जैसे मैं मंदिर में आ गई हूँ।

पहला मर्द : अरे पहले मंदिर ही तो था।

औरत : लेकिन मुझे अभी भी वैसा ही लग रहा है।

दूसरा मर्द : आख़िर देवताओं का कुछ तो असर होता है, गिरजा है तो क्या हुआ?

औरत : सेरापीस हमारा देवता कहाँ था।

दूसरा : फिर भी देवता तो था, कहीं का हो।

पहला : फादर आ गए। (*सिरिल आता है*)

सब : फादर (*यह कहकर सब घुटनों पर आ जाते हैं सिरिल उनके सरों पर सलीब का निशान बनाता है।*)

सिरिल : मेरे बच्चो! ईसा मसीह की रहमतें तुम पर नाज़िल हों—आमीन।

सब : आमीन।

सिरिल : मेरे बच्चो मुझे खुशी है कि भटकते-भटकते तुम आज यहाँ खुदा के घर पहुँच गए।

औरत : हम यहाँ पहले भी आते रहे हैं फादर।

सिरिल : कब और क्यों?

औरत : हम लोग उस वक्त बहुत छोटे थे।

मर्द 1 : हम अपने माँ-बाप के साथ इसी मंदिर में आते थे उस वक्त ये छः-सात बरस की रही होगी।

औरत : छः-सात की नहीं थी तीन-चार बरस की रही होंगी।

मर्द 1 : मैं पच्चीस का हो गया हूँ, तू मुझसे दो साल बड़ी है। अब हिसाब लगा ले।

सिरिल : ये तुम्हारी बहन है?

मर्द 1 : जी हाँ फादर।

सिरिल : लेकिन अब यहाँ गिरजा बने बीस साल से ऊपर हो गया है। इस बीच तुम लोग क्यूँ नहीं आए?

मर्द 2 : भाई पीटर अभी हाल ही में मुझसे मिले। उनसे बात करने के बाद मेरा दिल बदल गया और मैंने अपनी बीवी को समझाया।

सिरिल : बहुत खूब। ख़ैर तो मैं तुम्हें एक दिलचस्प क़िस्सा सुनाऊँ। तुम उस वक्त बच्चे थे। मैं खुद उस वक्त तक तुम्हारा पेट्रियार्क नहीं था, जब शहंशाह थियोडोसियस ने अपना हुक्म जारी किया कि सेरापीस की मूर्ति को तोड़ दिया जाए, और वहाँ गिरजा कायम किया जाए। फादर थियोफिलस, जो उस वक्त अस्कंदरिया के पेट्रियार्क थे, खुद हमारे राहिबों को लेकर आए। उस वक्त फादर ने मुझे बताया कि सेरापीस के पुजारी कह रहे थे कि मंदिर तोड़ोगे तो छत सिरों पर गिर जाएगी, दरिया-ए-नील में तूफ़ान आ जाएगा। लेकिन जब मंदिर तोड़ दिया गया तो न छत गिरी न तूफ़ान आया।

औरत : ये सब ईसू मसीह की करामात है फादर।

सिरिल : यकीनन! तुम्हें मालूम है सेरापीस की मूर्ति खोखली निकली।

औरत : आँय।

सिरिल : कहा जाता था कि देवता बोलते हैं मगर हमले के वक्त देवता

ने चूँ भी नहीं की। चुनांचे हम समझ गए कि उस खोखली मूर्ति के अंदर पुजारी छुप जाता है और देवता की बानी जो लोग सुनते रहे हैं, वो इंसान की आवाज़ होती थी, और सीधे-सादे लोग, अस्कंदरिया की भोली औरतें और नासमझ नौजवान यकीन कर लेते थे, कि वो भगवान का हुक्म सुन रहे हैं।

औरत : फादर सेरापीस हमारा देवता था ही नहीं।

सिरिल : फिर किसका देवता था?

मर्द 1 : सेरापीस बाहर से लाकर यहाँ रख दिया गया था।

सिरिल : अच्छा? यहाँ के लोग फिर किस देवता को मानते हैं।

मर्द 2 : ओसाइरिस को।

औरत : हाँ वही हमारा सबसे पुराना देवता है।

सिरिल : है, या था?

औरत : मेरा यही मतलब है, था।

सिरिल : लेकिन तुम यह समझ गए हो न कि अब खुदा के बेटे ईसा मसीह का दौर आ गया है?

मर्द 1 : जी हाँ।

मर्द 2 : हम ईसाई मज़हब कुबूल करने के लिए आए हैं।

सिरिल : मुझे मालूम है लेकिन तुम्हारे दिल में किसी किस्म का शक शुबहा तो नहीं।

औरत : हम सच्चे दिल से ईमान लाने के लिए यहाँ आए हैं। (*पीटर आता है*)

पीटर : फादर।

सिरिल : क्या बात है? (*मर्द और औरत से*) आप इंतज़ार करें।

पीटर : गवर्नर ने हुक्मनामा निकलवाया है कि शहर के एम्फीथियेटर में एक नाटक पेश किया जाएगा।

सिरिल : कैसा नाटक?

पीटर : शीर्षक है ओसाइरिस।

सिरिल : ओसाइरिस।

पीटर : जी। अपने जासूस ने मुझे बताया।

सिरिल : किसने? अमोनियस ने?

पीटर : जी।

सिरिल : अमोनियस ने और क्या कहा?

पीटर : कह रहा था कि प्रोग्राम हिपेशिया के सम्मान में किया जा रहा है। हिपेशिया मुख्य अतिथि होंगी।

सिरिल : और कुछ?

पीटर : कह रहा था कि किसी को मनाही नहीं। नाटक देखने सब जा सकते हैं।

सिरिल : हूँ। तुम अमोनियस को मेरे पास भेज दो।

पीटर : जी।

(सिरिल गिरजा के अंदर जाता है। पीटर अमोनियस को अंदर लाता है। अमोनियस सिरिल के पास जाता है)

दृश्य तीन

(एम्फीथियेटर)

(रावी, ऑरिस्टीज़ और उसके सिपाही, हिपेशिया, कोचवान और शहरियों का प्रवेश)

रावी 1 : हमारे आज के प्रोग्राम की मुख्य अतिथि है हिपेशिया। गवर्नर ऑरिस्टीज़ जिनकी मदद से हम आज का नाटक ओसाइरिस पेश करेंगे। हिपेशिया का स्वागत करेंगे। (*ऑरिस्टीज़ हिपेशिया को मुकुट पहनाकर अभिनंदन करता है। तालियाँ बजती हैं*) दुनिया के मशहूर गणितज्ञ थियोन की बेटी हिपेशिया किसी परिचय की मोहताज नहीं है आप जानते ही हैं कि थियोन ने गणित और खगोल के विषय पर बहुत महत्त्वपूर्ण किताबें लिखीं। ये विद्या उन्होंने अपनी बेटी को भी सिखाई और कुछ किताबों पर साथ मिलकर काम भी किया। उनके गुजर जाने के बाद हिपेशिया ने उनसे भी ज़्यादा तरक्की की। किताबें लिखीं और अपना नाम रोशन किया। गणित, खगोल और फ़लसफ़े के सिलसिले में इस वक्त दुनिया में हिपेशिया का सानी मौजूद नहीं। (*तालियाँ*) अब मैं हिपेशिया से दरख़्वास्त करूँगा कि अपने विचारों से हमें कृतघ्न करें। (*तालियाँ*)

हिपेशिया : मेरे अच्छे नागरिको, मेरे दोस्तो (*राहिबों के नारों का शोर होता है*) आज हम लोग ओसाइरिस और उसके बेटे होरस्र

की कहानी देखने के लिए बड़े शौक़ से इकट्ठा हुए हैं। चुनांचे मैं ओसाइरिस ही के बारे में दो लफ़्ज़ कहना चाहूँगी जैसा कि आप जानते हैं पुराने ज़माने में हर फिरऔन को ज़िंदगी में होरस मानते थे और मरने के बाद वही फिरऔन ओसाइरिस बन जाता है। लेकिन हमारे लिए मतलब की बात ये है कि ओसाइरिस और होरस का ताल्लुक चाँद और सूरज से भी है। यानि इस कहानी में प्राचीन काल के आदमी की वो पहली तलाश शामिल है जिसका संबंध खगोल से है। इंसान को फिक्र की, चिंतन की, शक्ति दी गई है। सोचना हमारा पैदाइशी हक है दिमाग को सोचने का आदी बनाए रखने में ही तरक्की और उन्नति की कल्पना की जा सकती है। हमें ये याद रखना चाहिए कि गलत सोचना भी बिलकुल न सोचने से बेहतर है। बस तो फिर हम आज ये नाटक देखेंगे और उसके मानी मतलब पर गौर करेंगे। शुक्रिया।

(हिपेशिया दर्शक के साथ बैठती है और नाटक शुरू होता है)

(गीत)

है किसकी ये नूर की लीला...
किसने सूरज, चाँद सितारे
अम्बर पर रह रहकर उभारे।
किसकी है ये नूर की लीला
है किसकी ये नूर की लीला।
नभ पर तारे चमक रहे हैं
गोया दिल हैं धड़क रहे हैं।
किसकी है...
सूरज की वो सवारी आई
दिल की कली कली मुस्काई।
किसकी है...

(आइसिस अपने बेटे होरस के साथ आती है।)

आइसिस : होरस मेरे बेटे। तुझे कैसे बचाऊँ? कहाँ ले जाऊँ? (*गोल एक चक्कर स्टेज का काटने के बाद*) हाँ ये देख ये घास, ये लंबी-लंबी घास। बस इसमें छुपकर आराम कर। यहाँ तुझे कोई नहीं देख सकेगा। मैं भीख लेकर अभी आई, फिर तुझे रोटी खिलाऊँ।

होरस : माँ मुझे किससे बचना है।

आइसिस : बेटे उसी सेत से, तेरा चचा, तेरी जान का दुश्मन, जिसकी कैद से सूर्यदेव के दूत थोट ने अपनी मेहरबानी से हमें अभी-अभी छुड़ाया। बस तू लेट जा और ज़रा देर आराम कर ले। मैं अभी आई।

(जाती है। सेत एक साँप की शक्ल में आता है और होरस को सोते में डस लेता है।)

सेत : (*जो अपना साँप का चोला बदलकर अब खड़ा हो गया*) अब तुझे कौन बचा सकता है, देखता हूँ। अब अपने बाप का इंतक़ाम मुझसे कैसे लेगा मैं भी देखता हूँ। दुनिया पर ओसाइरिस का राज ख़त्म हुआ। अब मेरा राज है, मेरा। मेरे राज में ओसाइरिस का बेटा होरस, मेरा दुश्मन, ज़िंदा नहीं बच सकता, कभी नहीं। तेरी माँ, क्या कर लेगी, देखता हूँ। अब आइसिस मेरा कुछ न बिगाड़ सकेगी। वो आ रही है, मैं चलूँ।

(हँसता हुआ चला जाता है। आइसिस वापस आती है।)

आइसिस : रोटी ले आई, मैं तेरे लिए रोटी ले आई होरस, मेरे बेटे। ले अब हम दोनों मिलकर कुछ खा लें। उठ जा। बस अब जाग। ऐं, ये क्या। सेत। यहाँ भी सेत। (*बाहर देखकर*) मैं तुझे पहचान गई सेत। ओसाइरिस के कातिल। मेरे पति को मारने वाले। आज तूने मेरे बच्चे को भी मुझसे छीन लिया नाहिनजार। साँप बनकर आया था कमीने।

(सेत लौटकर आता है।)

सेत : हाँ, साँप बनकर आया था। साँप बनकर न आता तो खूँखार जानवर बनकर आता, तूफ़ान बनकर आता। बिजली बनकर आता। लेकिन होरस को कभी नहीं छोड़ता। आइसिस तू बेवक़ूफ़ है। एक बार ओसाइरिस को मारा था, नादान तूने उसे फिर क्यूँ ज़िंदा किया? दूसरी बार फिर मैंने उसका काम तमाम किया, और इस दफ़ा ऐसा कि हमेशा-हमेशा के लिए। फिर क्या मैं तेरे इस सँपोले होरस को तख्तोताज़ देकर खुद कुर्बान हो जाता? इससे पहले कि वो तलवार सँभालने के क़ाबिल हो, मैंने फ़ैसला कर लिया था कि इसका ख़ून पी जाऊँगा। मिस्र मेरा है, मेरा ये और किसी देवता का नहीं हो सकता।

आइसिस : मेरे दिल से निकली हुई हाय तुझे लगेगी सेत। देख लेना तू बच नहीं सकेगा पापी।

सेत : देखूँगा। ज़रूर देखूँगा। अभी तो तुझे देख रहा हूँ और अपने दुश्मन की लाश को देख रहा हूँ। तू अगर खुद मुझसे निपटना चाहती है तो मातम के बाद आ जाना मैदान में। (*हँसता हुआ निकल जाता है।*)

आइसिस : देवता तुझे ग़ारत करेंगे। बेवा के दिल से निकली हुई आह बिजली बनकर तेरे सिर पर गिरेगी। ओसाइरिस। मेरे देवता, मेरे राजा, तुम बिन संतान के हो गए और कुछ नहीं कह रहे हो। मैंने तुम्हें एक रात के लिए, सिर्फ़ एक रात के लिए भगवानों से माँगा, और उस एक खूबसूरत रात में तुमने मुझे अपना बीज दिया, और अब तुम आराम से आसमानों के चक्कर काट रहे हो। अब मैं क्यूँ जिऊँ, किसके लिए जिऊँ, काश मैं भी तुम्हारे साथ चली जाती।

(नेफ़्ताइस आती है।)

नेफ़ताइस : क्या हुआ। क्या हुआ बहन आइसिस। अब फिर ये कैसा बैन।

आइसिस : नेफ़ताइस, मेरी प्यारी बहन नेफ़ताइस, मैं कहीं की न रही, तुझे याद है, सेत ने मेरे पति पर दो बार क़ातिलाना हमले किए, एक बार धोखा देखकर ताबूत में बंद कर दिया और उसे दरियाए-नील में बहा दिया। तू नहीं जानती बहन, उस वक्त मुझ पर क्या-क्या गुज़री मैं कहाँ-कहाँ भटकी।

नेफ़ताइस : जानती हूँ बहन जानती हूँ।

आइसिस : नहीं, वो मेरा पहला ग़म तू नहीं जानती—दरियाए-नील के किनारे-किनारे आबलापा परीशाने-हाल, भूखी, प्यासी मैं कहाँ तक अपने आदमी, अपने देवता को ढूँढ़ती हुई निकल गई, उसका ताबूत किनारे लग गया था—गाँव वालों ने मुझे बताया कि दरिया के किनारे एक विशाल और अद्भुत पेड़ देखते-देखते में खड़ा हो गया है। मैं समझ गई कि ये ज़रूर ओसाइरिस के असर से है। ज़रूर उसका ताबूत जिस पेड़ के सहारे रुक गया होगा, वो पेड़ सर सब्ज़ो शादाब हो गया होगा। मीलों के सफ़र के बाद फिर दौड़ती हुई निकली और वहाँ पहुँच कर क्या सुनती हूँ कि वो पेड़ वहाँ नहीं रहा। लोगों ने बताया बेबीलोन के बादशाह की उस पेड़ पर नज़र पड़ी, और अब उस पेड़ के सुनहरी खंभे उसके महल की ज़ीनत बन गए थे। मेरी बहन, मैं फिर निकल पड़ी, मिस्र से बेबीलोन गई। बादशाह के महल में नौकरी की, और रात को चुपके-चुपके उस सुनहरी खंभे की छाल छीलती रही, छीलती रही, यहाँ तक कि बादशाह को पता चल गया। लेकिन बादशाह रहम दिल था, जब उसने मेरी दुख भरी कहानी सुनी, तो खंभे को उखड़वाया, उसके अंदर से वो ताबूत निकलवाया जिसमें उस पाजी सेत ने ओसाइरिस को दफ़ना दिया था, फिर मैंने रो-रोकर देवताओं से विनती की कि मुझे मेरा आदमी चाहिए,

उसे ज़िंदगी दो। ओसाइरिस जी उठा लेकिन फिर मार दिया गया।

नेफ़्ताइस : रो मत बहन, सब्र करो, देवता ज़रूर तुम्हारी मदद करेंगे। देवताओं से नाउम्मीद न हो।

आइसिस : अरे अब देवताओं से किस मुँह से कहूँ कि एक बार इसके बाप को जिलाया था, अब उसके बेटे को वापस करो। तुझे याद है, जब ओसाइरिस को एक बार फिर ज़िंदगी बख़्श दी गई, तो तेरा शौहर वो हरामी सेत फिर उसकी ताक में चक्कर काटता रहा, और एक रात दग़ाबाज़ी से उसने उसे कत्ल किया, और इस दफ़ा कैसे उसके टुकड़े-टुकड़े करके उसकी लाश को पूरे मिस्र में बिखरा दिया, कि मुझे ओसाइरिस के जिस्म का एक टुकड़ा भी न मिल सके, और सचमुच मुझे कुछ पता न चला। मैं ढूँढ़ती रही; लेकिन उसकी लाश मुझे नज़र नहीं आई। अगर उस वक्त तू मुझे न मिल जाती...

नेफ़्ताइस : बस तू इसी को सोच कर सब्र कर लो बहन, देवता तुम्हारी लगन देख रहे हैं, वो गाफ़िल नहीं हैं वो फिर तुम्हारी मदद करेंगे।

आइसिस : कितनी बार देवताओं से ज़िंदगी का दान माँगूँ?

नेफ़्ताइस : उनके यहाँ कोई हद मुकर्रर नहीं, देवताओं का रहमो-करम असीम होता है बहन। अब देखो न, हमें ओसाइरिस के बदन का एक टुकड़ा हाथ आ गया, तो हम दोनों ने सारा मुल्क घूम-घूमकर उसके बदन को आख़िर इकट्ठा कर ही लिया और इसमें फिर से एक बार जान आ गई।

आइसिस : मगर कैसे? जानती हो कैसे? मैंने देवताओं से गिड़गिड़ाकर कहा, मुझे मेरा आदमी एक रात, बस एक रात के लिए फिर से वापस कर दो। सूर्यदेव के दूत अक्ल के देवता थोट ने मेरी विनती सुन ली, और एक रात के लिए उसे ज़िंदगी बख़्श

दी, मगर साफ़ कह दिया कि अब ओसाइरिस फिर कभी दुनिया में वापस नहीं आएगा। बहन, इन मुसीबतों से मैंने होरस को हासिल किया था। मुझे यक़ीन था कि होरस बड़ा होकर अपने बाप का बदला लेगा, और सेत के राज को एक दिन ख़त्म करके दुनिया में अपना नाम रोशन करेगा, और प्रजा के सुख चैन का सबब बनेगा। अब मैं क्या करूँ? कि मेरा इकलौता पूत बेबसो-लाचार एक मिट्टी के लौंदे की तरह पड़ा हुआ है अब मैं बैन न करूँ तो क्या करूँ? मैं लुट गई बहन, बर्बाद हो गई। अब अपनी उजाड़ ज़िंदगी लेकर कहाँ जाऊँ, किसके द्वार जाऊँ?

(एक अजीब रोशनी आहिस्ता-आहिस्ता फैलने लगती है।)

नेफ़ताइस : बहन आइसिस, देखो-देखो ये क्या हो रहा है? आँखें ऊपर करो, और ज़रा आसमान तो देखो।

आइसिस : *(ऊपर देखते हुए)* अँधेरा, घोर अँधेरा। मेरी आँखों की रोशनी ख़त्म हो गई बहन।

नेफ़ताइस : हिम्मत। आइसिस, हिम्मत। आँखें खोले रखो। ये समाँ बार-बार नज़र नहीं आएगा।

आइसिस : थोट। नेफ़ताइस। ये अक्ल का देवता थोट है। क्या सूर्यदेव ने मेरी विनती सुन ली बहन?

नेफ़ताइस : एक स्तंभ। नूर का एक स्तंभ ज़मीन-आसमान को एक कर रहा है।

आइसिस : वही है थोट। ओसाइरिस, ओसाइरिस कहाँ हो तुम? मेरी दशा पर रहम करो। प्यारे ओसाइरिस, मुझे एक बार देख लो। *(उस वक़्त तक होरस जुम्बिश करता है, और आहिस्ता-आहिस्ता उठ बैठता है।)* अरे। अरे। थोट, तुम जा रहे हो। तुम मेरी सुने बग़ैर वापस चले जाओगे। एक घड़ी और रुक जाओ, रुक जाओ थोट। सिर्फ़ एक घड़ी।

होरस : माँ।

आइसिस : ये आवाज़? थोट। ये तुम हो?

नेफ़्ताइस : आइसिस। उधर देख। (*आइसिस होरस को देखकर धीरे से उठती है, और देखकर उससे चिमट जाती है।*)

आइसिस : होरस। मेरे लाडले। (*वक़्फ़ा*) तू कहाँ चला गया था रे?

होरस : बाप से मिलकर आ रहा हूँ माँ।

आइसिस : ओसाइरिस से? कुछ कहा? उन्होंने कुछ कहा?

होरस : कहा, बाप के ख़ून का बदला लेना।

(गीत)

हमको इंसान से हैवान बनाया

(चीखते-चिल्लाते अमोनियस और अन्य राहिब मंच पर हमला करते हैं। अफ़रा-तफ़री मच जाती है। हिपेशिया और कोचवान मंच के एक किनारे पर खड़े रहते हैं। ऑरिस्टीज़ एक दो हमला करने वालों को मार भगाता है। इतने में एक आदमी चाकू से ऑरिस्टीज़ पर हमला कर देता है। ऑरिस्टीज़ हमले से बचता है और उसका हाथ पकड़ लेना चाहता है, मगर वह आदमी हाथ छुड़ाकर भाग निकलता है।)

ऑरिस्टीज़ : (*अपने सिपाहियों से*) उस आदमी का पीछा करो। (*दो सिपाही जाते हैं*)

सिपाही : हम लोग देख लेंगे हुज़ूर, आप जाएँ।

हिपेशिया : ऑरिस्टीज़ तुम्हें चोट तो नहीं आई। (*वक़्फ़ा*)

ऑरिस्टीज़ : और मैं शहर का गवर्नर कहलाता हूँ। (*दो सिपाही दौड़ कर दूसरी तरफ़ से आते हैं। अफ़सर से*) देखो! ख़ून-खराबा फैलना नहीं चाहिए, समझे?

अफ़सर : जी।

ऑरिस्टीज़ : आओ हिपेशिया, अब चलें। (*दोनों जाते हैं। पीछे-पीछे कोचवान।*)

अफ़सर : ख़ून-खराबा तो फैल चुका। अब इसे रोकना किसके बस का है? इस नौकरी की ऐसी-तैसी। हमारी जान खुद ख़तरे में है।

सिपाही : जी?

अफ़सर : कुछ नहीं।

सिपाही : आपने कुछ कहा?

अफ़सर : मैंने कुछ कहा? मैंने कुछ नहीं कहा। (*वक़्फ़ा*) नहीं। मेरे मुँह से एक लफ़्ज़ नहीं निकला। अब मेरा मुँह क्या तक रहे हो, जाओ अपना काम करो, उस आदमी को पकड़ो।

(सिपाही और अफ़सर जाते हैं। दो सिपाही राहिब को पकड़ कर लाते हैं।)

सिपाही 1 : साहब कहाँ चले गए?

सिपाही 2 : वो आ रहे हैं। (*अफ़सर आता है*)

अफ़सर : (*राहिब से*) कौन हो तुम? (*कोई जवाब नहीं*)

सिपाही 1 : ये राहिब है हुज़ूर।

अफ़सर : जानता हूँ। (*राहिब से*) कहाँ से आए हो? (*कोई जवाब नहीं*)

सिपाही 2 : ये नाइट्रिया के मठ का राहिब है सरकार।

अफ़सर : मुझे मालूम है। (*राहिब से*) तुम्हारा नाम? (*कोई जवाब नहीं*)

सिपाही 1 : इसी ने गवर्नर साहब पर हमला किया था साहब।

अफ़सर : (*राहिब से*) क्यों? ये बात सच है? (*वक़्फ़ा*)

सिपाही 2 : सच है हुज़ूर। (*अफ़सर उसे घूर कर देखता है*)

सिपाही 1 : इसकी कमर में चाकू है हुज़ूर।

सिपाही 2 : उसी चाकू से ये गवर्नर साहब पर वार करना चाहता था।

सिपाही 1 : गवर्नर साहब ने इसे पकड़ना चाहा, मगर ये भाग निकला।

सिपाही 2 : हमने पीछा किया और पकड़ कर उसे आपके पास लाए हैं।

अफ़सर : ये सब मैं अपनी आँखों से देख चुका हूँ।

सिपाही 1 : जनाब ये ही पीटर का जासूस है।

अफ़सर : जानता हूँ।

सिपाही 2 : इसे पहले भी हमने यहाँ देखा था।

अफ़सर : (*मुल्ज़िम से*) क्यों?

सिपाही 1 : अभी दो दिन पहले यह यहाँ थिएटर में गवर्नर साहब का

हुक्मनामा लेकर आया था और लोगों से पूछने लगा कि यह कैसा हुक्म है। यहाँ क्या होने वाला है। लोगों को यहाँ किस मक़सद से आने की दावत दी जा रही है।

अफ़सर : मुझे ख़बर है।

सिपाही 2 : कहने लगा कि हम भी यह प्रोग्राम देखना चाहेंगे। इसको बताया गया कि प्रोग्राम में सभी लोगों को बुलाया गया है। किसी के लिए मनाही नहीं है।

अफ़सर : (*राहिब से*) क्यों, यह बात सच है? (*वक़्फ़ा*)

सिपाही 2 : सच है हुज़ूर। (*अफ़सर उसे घूर कर देखता है*)

सिपाही 1 : बस आज प्रोग्राम के दिन यह अपने गुंडों को लेकर आ गया, और बदअमनी फैला दी।

सिपाही 2 : हमने यह भी देखा कि आज सबसे पहले इसी ने गड़बड़ शुरू की। इसके इशारे पर इसके साथी मंच पर लपक पड़े थे। यही उनका सरग़ना है।

अफ़सर : ख़ामोश रहो। (*वक़्फ़ा*) तुम अपना नाम क्यों नहीं बताते? बोलो (*वक़्फ़ा*) कोड़ों से इसकी ख़बर लो ताकि यह उगले।

सिपाही 1 2 : कोड़े खाकर ही नाम बताइएगा क्या? ठीक है। अच्छा तो चलिए।

(सिपाही राहिब को लेकर जाते हैं इतने में 4-5 राहिब आते हैं। उन्हें देखकर सिपाही सुकुड़दुम होते हैं, राहिब एक तरफ़ रुक गए थे, अब आहिस्ता-आहिस्ता सिपाहियों की तरफ़ बढ़ते हैं। सिपाही थोड़ी देर तो देखते रहते हैं, फिर मारे डर के मुल्ज़िम को यकायक छोड़ कर भाग जाते हैं। मुल्ज़िम अपने दूसरे साथी राहिबों के साथ निकल जाता है)

(दोनों रावी आते हैं)

रावी 1 : थियेटर पर हमला क्या हुआ!

रावी 2 : आग सारे शहर में फैल गई।

रावी 1 : एक जंगल की आग की तरह।

रावी 2 : पहले नीचे-नीचे।

रावी 1 : बाद में बड़े-बड़े पेड़ों तक।

रावी 2 : और फिर फैलती चली गई।

रावी 1 : ऐसी कि जिसका बुझाना मुश्किल हो गया। वैसे ही जैसे जंगल की आग।

रावी 2 : वैसे ही जैसे बाबरी मस्ज़िद की दुर्घटना के बाद मुंबई, सूरत, भोपाल में हुआ था।

दृश्य चार

(ऑरिस्टीज़ का घर। ऑरिस्टीज़ और हिपेशिया का प्रवेश)

ऑरिस्टीज़ : आज तुमने क्लास बहुत लंबी खींची।

हिपेशिया : क्लास तो वक्त पर खत्म हो गई थी। मगर लंबे रास्ते आना पड़ा।

ऑरिस्टीज़ : क्यों?

हिपेशिया : भीड़ के मारे।

ऑरिस्टीज़ : अच्छा अच्छा। अब देखो हिपेशिया यह हो रहा है। यह बदस्तूर हुआ चला जा रहा है।

हिपेशिया : हाँ, मैं भी यही सोच रही थी कि अगर यही सब होता रहा तो तुम अपनी गवर्नरी किस पर चलाओगे?

ऑरिस्टीज़ : वो तो यूँ भी नहीं चल रही है। कल मैं अगर अपने लिए नई वर्दी बनवाने निकलूँ तो न कहीं कपड़ा मिलेगा न शहर में कोई माकूल दर्ज़ी।

हिपेशिया : सुनो ऑरिस्टीज़ तुम इन बातों की इत्तला थियोडोसियस को क्यों नहीं भेज देते। बादशाह को खत लिखकर तो देखो।

ऑरिस्टीज़ : क्या लिखूँ? क्या यह लिख दूँ कि शहंशाहे आलम, बहुत करम होगा अगर आप सेरापीस का मंदिर फिर से बनवा दें, आपने बाइज़ेंटाइन, असीरिया, मिस्र में जगह-जगह अपने हुक्म से जो मंदिर तुड़वा दिए हैं, जनता कहती है कि वो सब फिर से तामीर करवा दिए जाएँ।

हिपेशिया : बेवकूफ़ी की बातें मत करो ऑरिस्टीज़। तुम्हें खूब पता है क्या लिखना चाहिए।

ऑरिस्टीज़ : जी नहीं, मुझे नहीं मालूम।

हिपेशिया : तुम मुल्क और मज़हब, राष्ट्र और धर्म के बारे में लिख सकते हो।

ऑरिस्टीज़ : यानी एक फ़लसफ़ियाना ख़त।

हिपेशिया : फिर तुमने मज़ाक़ किया।

ऑरिस्टीज़ : हिपेशिया, मैं सख्त परेशान हूँ। मज़ाक़ के मूड में नहीं हूँ।

हिपेशिया : सिर्फ़ परेशान हो जाने से तो काम नहीं चलेगा। तुम कहते हो सिरिल तुम्हारी एक नहीं मानता। अगर यह बात है तो तुम्हें बादशाह से रुजू होना चाहिए। बादशाह के मातहत सिरिल भी है, और बादशाह के हुक्म से तुम्हें भी नौकरी मिली है। और बादशाह ही के हुक्म से मुझे भी नौकरी मिली है।

ऑरिस्टीज़ : अच्छा तो तुम्ही बताओ क्या लिखूँ?

हिपेशिया : शायद यह लिख सकते हो कि रोम में पहले के जितने भी बादशाह, जितने भी सीज़र गुजरे हैं, उन सबने मज़हब और मुल्क में फ़र्क़ किया है।

ऑरिस्टीज़ : सीज़रों का ज़माना लद गया। वो ईसाई नहीं थे। अब इधर कोई एक सौ साल से जैसा कि तुम ख़ूब जानती हो, ईसाइयों का राज है, ईसाई मज़हब बादशाह का मज़हब भी है, और मुल्क का मज़हब भी होना चाहिए।

हिपेशिया : तुम यह बात कह रहे हो।

ऑरिस्टीज़ : मैं नहीं कह रहा हूँ। बादशाह यही कहेंगे।

हिपेशिया : तुम कहोगे रूहानी रहनुमाई और सियासी क़ाबिलियत, दोनों का एक साथ एक आदमी में होना न तो मुमकिन है, और न अच्छा है। क़दीम मिस्र के बादशाहों में और यहूदियों में यह मुमकिन भी था और शायद बड़ी हद तक ठीक भी था।

लेकिन आज के ज़माने में यह हरगिज़ मुनासिब नहीं।

ऑरिस्टीज़ : यानी आज के ज़माने में खुदाओं ने फ़ैसला कर लिया है कि सियासत और मज़हब के काम दो आदमियों में बाँट दिए जाएँ। चुनांचे इन दो आदमियों में से एक को मुँह आसमान की तरफ़ और दूसरे का ज़मीन की तरफ़ घुमा दिया जाए।

हिपेशिया : बिल्कुल यही सूरत है।

ऑरिस्टीज़ : मगर क्या तुम नहीं जानतीं कि सिरिल का मुँह बयक वक़्त दोनों तरफ़ घूमा हुआ है।

हिपेशिया : जानती हूँ। तुम यह कहोगे कि हुक्म दिया जाए कि सिरिल की आँखें आसमान से न हटने पाएँ, ताकि तुम अपनी आँखें ज़मीन पर जमा सको।

ऑरिस्टीज़ : सिरिल की आँखें आसमान पर भी नहीं हैं। उसकी आँखें सिर्फ़ मुझ पर गड़ी हुई हैं। (*बॉडीगार्ड आता है*)

ऑरिस्टीज़ : (*चमक कर*) क्या हुआ?

बॉडीगार्ड : आपसे मिलने के लिए दो-एक लोग आए हैं।

ऑरिस्टीज़ : दो लोग या ज़्यादा?

बॉडीगार्ड : उनके साथ एक औरत भी है।

ऑरिस्टीज़ : तो पूरी बात क्यों नहीं बताते?

बॉडीगार्ड : औरत के साथ एक बच्चा है।

ऑरिस्टीज़ : और बच्चे के साथ?

बॉडीगार्ड : जी?

ऑरिस्टीज़ : कमबख़्त। तुमने कहा नहीं इस वक्त मैं मसरूफ़ हूँ।

बॉडीगार्ड : वो कहने लगे मैडम से भी हमें बात करना है।

हिपेशिया : उन्हें भेज दो अंदर।

ऑरिस्टीज़ : गोया अब मेरी कोई प्राइवेट ज़िंदगी भी नहीं रही। (*दो मर्द और एक औरत और बच्चा आते हैं*) हाँ, फ़रमाइए।

आदमी 1 : (*सहमकर*) माफ़ कीजिएगा हुज़ूर। हम...(*वक़्फ़ा*)

हिपेशिया : कहो, झिझकते क्यों हो।

आदमी 1 : आप यहाँ हैं यही सुनकर हमारी हिम्मत हुई...

ऑरिस्टीज़ : हाँ तो फिर जो कुछ कहना चाहते हो, कह डालो।

आदमी 1 : हमें शहर छोड़ने के लिए कहा जा रहा है।

औरत : इसीलिए आपके पास आए हैं। (*वक़्फ़ा*)

आदमी 2 : हम ईसाई हैं। (*वक फ़ा*)

औरत : उस दिन हम भी थिएटर देखने गए थे, जब झगड़ा हो गया था।

आदमी 1 : बस यही हमारा कुसूर है।

आदमी 2 : मेरा नाम निकाइयस है। ये मेरी बहन है।

आदमी 1 : और मेरा फिलालाउस।

आदमी 2 : मेरा पीतल के बर्तनों का कारोबार है और इनकी कपड़े की दुकान है।

आदमी 1 : हम दोनों का व्यापार बहुत अच्छा जमा हुआ है। मैं अतलस और कमख्वाब हिंदुस्तान और ईरान से मँगाता हूँ। और दूर-दूर से कपड़े खरीदने मेरे पास लोग आते हैं। हम यहाँ से चले गए तो यह सारा सिलसिला फिर से जमाना बहुत मुश्किल हो जाएगा।

आदमी 2 : हम यहीं पैदा हुए, यहीं पले, बढ़े, अब भला हम अपना घरबार, अपना रोज़गार कैसे छोड़ दें।

औरत : और जाएँ तो कहाँ जाएँ?

हिपेशिया : यह बच्चा किसका है?

औरत : हमारा है?

हिपेशिया : क्या उम्र होगी?

औरत : आठ-दस बरस का होगा।

आदमी 1 : शायद ग्यारह का है।

औरत : ग्यारह का अभी नहीं हुआ।

आदमी 1 : मैं कहता हूँ हो गया होगा।

औरत : तालीम के लिए इसे आप ही के पास भेजना चाहते हैं। ज़रा बड़ा हो जाए।

हिपेशिया : क्या यह साइंस पढ़ना चाहता है।

आदमी 1 : हम यही चाहते हैं।

औरत : आपके लेक्चर हमने सुने हैं न, इसीलिए।

आदमी 1 : गवर्नर साहब को भी मेरी दुकान याद होगी। एक बार आए थे।

औरत : लोग कहते हैं हम अपने मतलब के लिए ईसाई हो गए हैं।

हिपेशिया : तो क्या तुम अपने मतलब के लिए ईसाई हुए हो?

आदमी 1 : जी?

औरत : वैसे हमें ईसा मसीह पर भी ईमान है।

ऑरिस्टीज़ : साथ-साथ ओसाइरिस की भी पूजा कर लेते होगे?

आदमी 2 : हम ईसा मसीह को ओसाइरिस ही का एक रूप मानते हैं।

औरत : जी हाँ। हम दिलो-जान से ईसाई मज़हब में आ गए हैं।

हिपेशिया : (*यह देखकर कि ऑरिस्टीज़ की निगाहें उस पर जमी हैं, ऑरिस्टीज़ से*) इसमें तो कोई हर्ज की बात मुझे नज़र नहीं आती।

ऑरिस्टीज़ : (*हिपेशिया से*) हाँ मगर शायद चर्च को यह बात पसंद न आए।

औरत : जी! क्या कहा?

ऑरिस्टीज़ : मैंने कहा इन दिनों ईसाई न होना कोई फ़ायदेमंद बात नहीं है।

औरत : लेकिन हुज़ूर मैं आपको यक़ीन दिलाती हूँ हम ईसाई हो गए हैं।

ऑरिस्टीज़ : हो गए हो न? पहले से तो नहीं हो?

औरत : मैं समझी नहीं।

ऑरिस्टीज़ : चुनांचे गवर्नर की हैसियत से मैं जो आप लोगों की मदद कर सकता था, नहीं कर सकता।

आदमी 1 : हम और किससे मदद माँगें?

औरत : आप ही बताइए हम कहाँ जाएँ?

आदमी 2 : क्या आप यह कह रहे हैं कि हम भी शहर छोड़ दें?

बच्चा : (*माँ से*) आपने तो हमसे वादा किया था।

औरत : हाँ हाँ, ठीक है बेटा, चुप रह।

हिपेशिया : क्या वादा किया था तुम्हारे माँ-बाप ने तुमसे?

औरत : निकोलस।

हिपेशिया : बोलो, बोलो, अपनी माँ से मत डरो।

बच्चा : माँ से मैं नहीं डरता।

हिपेशिया : तो फिर बताओ क्या वादा किया था।

औरत : हमने इससे यह कहा था देवी।

हिपेशिया : मुझे देवी मत कहो।

औरत : जी, हमने कहा था...

बच्चा : मैं बताता हूँ।

औरत : चुप। (*वक़्फ़ा*)

हिपेशिया : बताओ (*ख़ामोशी*) अगर तुम किसी से नहीं डरते तो बताओ।

बच्चा : मैंने भी आपका लेक्चर एक दिन सुना था।

हिपेशिया : अच्छा?

बच्चा : आपने कहा था डरना नहीं चाहिए।

हिपेशिया : बस तो फिर बता दो।

बच्चा : क्यों माँ यही कहा था ना देवी जी ने?

हिपेशिया : बेटा, मैं देवी नहीं हूँ, समझे।

बच्चा : फिर भी मैं आपकी क्लास में भर्ती होना चाहता हूँ।

हिपेशिंया : बड़े शौक़ से। मगर तुमने यह नहीं बताया कि माँ ने तुम से क्या वादा किया था।

बच्चा : माँ ने कहा था कि गवर्नर साहब ज़रूर हमें शहर छोड़ने से बचा लेंगे। और अगर वो न भी मानें...

औरत : चुप।

बच्चा : और कहा था...

हिपेशिया : और क्या कहा था?

बच्चा : और कहा था...कहा था कि अगर वह न भी मानें, तो देवी जी उन्हें मना लेंगी।

औरत : देवी जी मत कह, मैडम कह, समझा?

बच्चा : समझ गया।

हिपेशिया : तुम लोग क्यों शहर छोड़ोगे। गवर्नर साहब ने फ़ैसला किया है कि वह बादशाह को इस बारे में ख़त लिखेंगे।

ऑरिस्टीज़ : (*ज़हर का घूँट पीकर*) ठीक बात है। मैं कुस्तुनतुनिया अपनी रपट भिजवा रहा हूँ। वहाँ से यक़ीनन जवाब आएगा और वो तुम्हारे हक़ में ज़रूर अच्छा होगा। बस अब आप लोग जाएँ और खुदा और उसके बेटे पर भरोसा रखें।

औरत : या ईसा मसीह तेरा ही आसरा है।

दोनों आदमी : हुज़ूर। मैडम।

बच्चा : मैडम। सलाम।

हिपेशिया : जीते रहो।

औरत : बस हमारा ख़याल रख लीजिएगा।

(झुक-झुक कर सलाम करते हुए निकल जाते हैं)

ऑरिस्टीज़ : देख लिया हिपेशिया महज़ ईसाई हो जाना काफ़ी नहीं है, इस शहर में रहना है तो सिरिल की नाक के बाल पीटर की तरह बनकर रहना होगा। उस पाजी का नाम है, जो चर्च का रीडर है। सिरिल जानता है कि अगर मैं ईसाई मज़हब कुबूल न करता तो इस शहर का गवर्नर नहीं बन सकता था और यह सच है तुम जानती हैं कि मैंने इसीलिए यह ईसाई मज़हब क़ुबूल किया। सिरिल बहुत काइयाँ हैं, वो यह बातें समझता है। मगर बेवकूफ़ भी है, इसलिए कि अपने अक़ीदों में बहुत कट्टर है। और अव्वल नंबर का बदमाश भी है।

हिपेशिया : लेकिन ऐसा कोई तरीका तो होना चाहिए, जिससे सिरिल पर क़ाबू पाया जा सकता हो।

ऑरिस्टीज़ : तुम्हीं कोई इक्वेशन कोई थ्योरम कोई फ़ार्मूला बताओ।

हिपेशिया : फ़िर वही मज़ाक़।

ऑरिस्टीज़ : भई अगर मैं तुमसे कहूँ कि सिरिल से मुक़ाबला करना मेरी ताक़त से बाहर है, मुझे इस्तीफा देकर कहीं और चला जाना चाहिए, तो तुम इसे भी मज़ाक़ कह कर टाल दोगी। हिपेशिया क्यों न हम वाक़ई यह शहर छोड़कर कहीं चल दें? तुम जहाँ कहोगी मैं वहीं चला जाऊँगा। क्यों न हम सायरीन चले चलें, जहाँ तुम्हारा शागिर्द साइनिसियस बिशप है?

हिपेशिया : शहर छोड़ देने का मतलब क्या होगा तुम खूब जानते हो।

ऑरिस्टीज़ : मैं नहीं जानता।

हिपेशिया : इसका मतलब होगा अपने उसूलों की हार मान लेना। और हमारे जैसे बहुत से लोग जो उन उसूलों के लिए लड़ रहे हैं...

ऑरिस्टीज़ : बहुत से लोग? कौन से हैं वो लोग?

हिपेशिया : ऑरिस्टीज़, आदमी सुख चैन की ज़िंदगी बसर करना चाहता है। ऐसे और बहुत से लोग हैं, जो आपस में मुहब्बत, मुरव्वत के साथ रहना चाहते हैं।

ऑरिस्टीज़ : ऐसे लोग कहीं और होंगे, अस्कंदरिया में नहीं। (*बॉडीगार्ड आता है।*) अब और क्या हो गया?

बॉडीगार्ड : एक पादरी आए हैं।

ऑरिस्टीज़ : पादरी?

हिपेशिया : बुला लाओ उन्हें। (*बॉडीगार्ड जाता है।*)

ऑरिस्टीज़ : अब ये और क्या माजरा हो सकता है। पादरी मेरे घर में? यह पहला इत्तिफ़ाक़ है।

हिपेशिया : देखे लेते हैं। मिल लेने में क्या हर्ज है।

ऑरिस्टीज़ : हर्ज है या नहीं, यह मैं नहीं जानता। बहरहाल तुम्हारा हुक्म

है। चुनांचे मिल लेते हैं।

(इतने में साइनिसियस आते हैं। उम्र हो गई है, कुछ कमजोर दिखाई देते हैं। बिशप के लिबास में देखकर पहले उन्हें कोई भी नहीं पहचानता। फिर यकायक हिपेशिया चीख पड़ती है)

हिपेशिया : साइनिसियस! *(बॉडीगार्ड चला जाता है।)*

साइनिसियस : मेरी प्यारी दोस्त हिपेशिया। मेरी मेहरबान टीचर हिपेशिया! हिपेशिया! हिपेशिया! तुम्हें देखने के लिए आँखें तरस गई थीं, आँखें क्या रूह तरस गई थी। भाई ऑरिस्टीज़!

हिपेशिया : तुम कुछ कमज़ोर दिखाई दे रहें हो स़ाइनिसियस!

साइनिसियस : हाँ कुछ उम्र का तक़ाज़ा, कुछ हालात की मजबूरी का नतीजा है। देखो हिपेशिया तुमसे ज़्यादा मेरे दिल में भला किसकी क़द्र हो सकती है। और जब तुम भी मेरे ख़त का जवाब नहीं देतीं तो मुझे ऐसा महसूस होने लगता है कि मैं जवाब के क़ाबिल ही नहीं।

हिपेशिया : साइनिसियस, मेरे अच्छे दोस्त, मेरे सबसे प्यारे शागिर्द, तुम मेरे दिल से जुदा कभी नहीं हुए थे मेरी जान।

साइनिसियस : इस बात की ख़बर मुझे आज मिल रही है ना?

हिपेशिया : तो क्या मुझ पर से तुम्हारा एतबार उठ गया था।

साइनिसियस : नहीं नहीं, ऐसा मत कहो। लेकिन अब तुम्हारे दिलासे की मुझे ज़रूरत नहीं। मैं खुश हूँ कि हिपेशिया है। और मैं उसके साथ बातें कर रहा हूँ। लेकिन...लेकिन तुम कुछ परेशान नज़र आ रही हो। बताओ बताओ क्या बात है?

हिपेशिया : नहीं साइनिसियस, मैं परेशान नहीं हूँ। हाँ अलबत्ता ऑरिस्टीज़ ज़रूर परेशान हैं।

साइनिसियस : ऑरिस्टीज़ मेरे भाई, बताओ तुम्हें कौन-सी परेशानी घेरे हुए है। कुछ तो मुझे ख़बर है। रास्ते में देखा कि बहुत से यहूदियों को शहर निकाला दे दिया गया है। मगर तुम कहो, तुम खुद बताओ क्या हो रहा है।

ऑरिस्टीज़ : फ़ादर साइनिसियस, मुझे शुरू से महसूस हो रहा था कि फादर सिरिल मेरे दुश्मन हैं। अब देखिए न शहर का अमनो-अमाँ बिगड़ रहा है, और मैं गवर्नर होकर कुछ नहीं कर सकता।

साइनिसियस : क्यों? क्यों?

ऑरिस्टीज़ : फ़ादर सिरिल ने यह जिम्मेदारी खुद सँभाल ली है।

साइनिसियस : क्या मतलब?

ऑरिस्टीज़ : वो खुद शहर का अमनो-अमाँ बिगाड़ रहे हैं। और उन्हीं ने गोया मेरे दोनों हाथ काट रखे हैं।

साइनिसियस : सख्त ताज्जुब है, भाई सिरिल बहुत खुदा तरस हैं। मैं उनसे मिलूँगा। ज़रूर उनसे बात करूँगा। मेरी नज़र में ईसाइयत फिलवक्त दो अलग-अलग रास्तों पर एक साथ गामजन हैं। यानि इस वक्त दो मदरसए-ख़याल हैं। एक नजरिया कहता है ईसाई मज़हब के अलावा और कोई मज़हब किसी काम का नहीं। दूसरा मदरसए-ख़याल कहता है, दूसरों के पास बहुत पुराना, और बहुत बड़ा, अक्ल का ख़ज़ाना है। ईसाई मज़हब को चाहिए कि उसे भी समेट ले। *(हँसते हुए)* हिपेशिया तुम्हें याद है, तुम्हीं ने मुझसे जस्टिन मार्टर का मुतालया करने के लिए कहा था और किताबें दी थीं।

हिपेशिया : जो तुम लेकर चंपत हो गए थे। मुझे ख़ूब याद है और मैं देख रही हूँ तुमने उससे भी बहुत कुछ चुराया है।

साइनिसियस : अरे भई देखो हिपेशिया, तुम्हारे ख़यालात उधार लेकर मैंने क्रिश्चन ट्रिनिटी, के तसव्वुर पर बहुत अहम काम शुरू कर रखा है। मिस्र के मज़हब में जो आइसिस, ओसाइरिस और होरस है, उन्हें हमेशा मैं एक क़िस्म की ट्रिनिटी मानता था। और उसी आधार पर फ़ादर सन एंड द होली गोस्ट की ट्रिनिटी पर काम कर रहा हूँ। अरे मैं तुम्हें क्या बताऊँ हिपेशिया, तुम्हारी ज़ात और तुम्हारी तालीम मेरी रग-रग में कहाँ तक सरायत कर गई है। मेरी सारी तसनीफ़ों में सबसे ज़्यादा तुम्हारे

ख़यालात और तुम्हारे ज़ज्बात कारफ़रमा हैं। मेरी बहन, मेरी माँ, मेरी दोस्त, मेरे दिलो-दिमाग़ की मलिका, मेरी प्यारी शिक्षक हिपेशिया। तुम हमेशा-हमेशा के लिए सलामत रहो।

हिपेशिया : तुम जज़्बाती हो साइनिसियस, और थोड़े से पागल भी।

साइनिसियस : हाँ तो भाई ऑरिस्टीज़ अब देखा तुमने मायूसी की बात कहाँ है? अब अगर हम इस सारे पुराने कल्चर को बरबरियत, पेगनिज्म, अधर्म और नास्तिकता कहकर ख़त्म कर देंगे तो बढ़ता हुआ ईसाई तहज़ीबो-तमद्दुन, हमारी यह नई सभ्यता दिवालिया हो जाएगी।

ऑरिस्टीज़ : खुद जस्टिन के साथ क्या हुआ? उसे भी तो मार दिया गया?

साइनिसियस : अरे भाई जस्टिन मार्टर की तरह के लोगों के ख़यालात में, मैं भी शामिल हूँ, हिपेशिया तुम भी हो, अगर उनसे ईसाई मज़हब के बानी कुछ फ़ायदा उठाएँ तो न सिर्फ़ सब धर्म के मानने वालों के साथ रवादारी और मुरव्वत मुहब्बत की एक सूरत पैदा हो सकती है, बल्कि खुद ईसाई मज़हब की जड़ें और मज़बूत होंगी। चुनांचे मुख्तसरन यह कहना चाहिए कि एक तरफ़ नफ़रत है, और दूसरी तरफ़ मुहब्बत। अब अगर नफ़रत का जज़्बा हावी रहता है, जैसा कि अभी हो रहा है, तो समझो अँधेरा। और अगर मुहब्बत कामियाब होती है, तो रौशनी। हाँ शायद कुछ लोग ऐसे भी हों, जो इन दोनों के बीच झुटपुटे में कहीं भटक रहे हों। हो सकता है भाई सिरिल उन्हीं में से हों।

ऑरिस्टीज़ : फ़ादर साइनिसियस! सिरिल क्या, मुझे तो एम्परर थियोडोसियस से भी कुछ बहुत ज़्यादा उम्मीद नहीं कि वह हालात को बेहतर बनाएँ अब देखिए ना यह ग़ैर-ईसाई मज़हबों से दुश्मनी कब से चली आ रही है। और यह सिलसिला बदस्तूर जारी है। पहले सेरापीस का मंदिर गिराया।

साइनिसियस : इसका मुझे रंज है।

ऑरिस्टीज़ : फिर अस्कंदरिया की लाइब्रेरी जलाई।

साइनिसियस : यह दूसरी बार अस्कंदरिया की लाइब्रेरी जलाई गई है। पहले के जूलियस सीज़र के ज़माने में जलाई गई थी। भाई किताबों का जला देना मेरी समझ में कभी नहीं आया।

ऑरिस्टीज़ : और अब ग़ैरईसाइयों पर ये हमले।

साइनिसियस : दरअसल इन हमलों के पीछे रेगिस्तान के कुछ क़बीलों के जाहिल राहिब हैं। खास तौर पर नाइट्रिया के। वो अनपढ़ हैं, उन्हें किताबों से कोई मस नहीं। उन्हें बाहर की दुनिया की कोई ख़बर नहीं। वो बस अपने मठ में रहते हैं। बेहद कट्टर हैं। उन्हें जब भी मज़हब के किसी बहाने से धींगा-मुस्ती, दंगे-फ़साद का मौक़ा मिलता है, वो मारकाट, लूटमार शुरू कर देते हैं। मुझे इसमें सिरिल का हाथ ज़्यादा नज़र नहीं आता।

ऑरिस्टीज़ : फ़ादर साइनिसियस, आप नहीं जानते। सिरिल अपने ख़ास आदमी उस रीडर कमबख़्त पीटर को हुक्म देता है। और पीटर नाइट्रिया के उन राहिबों को भड़काता है। बस, बात एक ही है। इन फ़सादात के पीछे सिरिल है। और उसकी पुश्त पनाह में एम्परर थियोसोडियस।

हिपेशिया : यानी उम्मीद का टिमटिमाता हुआ आखिरी दीया भी तुम्हारे दिल में बुझ गया।

ऑरिस्टीज़ : बिल्कुल।

हिपेशिया : नहीं, यह तुम्हारी ज्यादती है। कोशिश करना हमारा फ़र्ज़ है। मेरा मतलब है तुम्हारा फ़र्ज़ है। तुम्हारी नौकरी का फ़र्ज़ है।

साइनिसियस : भई ऑरिस्टीज़ इसमें नाउम्मीदी की क्या बात है। भाई सिरिल माकूल आदमी है उनसे बात की जा सकती है।

हिपेशिया : मुझे इत्तिफ़ाक़ है। उनसे एक बार बात ज़रूर करनी चाहिए। मेरा तो ख़याल है ऑरिस्टीज़ को भी उनसे मिलना चाहिए।

साइनिसियस : नहीं, शायद मेरे साथ भाई ऑरिस्टीज़ का जाना मुनासिब न होगा।

हिपेशिया : पहले तुम मिल आओ। बाद में इस पर भी सोचा जा सकता है। क्यों ऑरिस्टीज़।

ऑरिस्टीज़ : तुमने फ़ैसला कर ही दिया है।

साइनिसियस : अच्छा तो अब मैं चलूँ। अरे हाँ, देखो हिपेशिया, तुम मेरे लिए एक हाइड्रोस्कोप बना दो।

हिपेशिया : क्या एलकोहॉल में हल की हुई दवाओं के लिए उसकी ज़रूरत है?

साइनिसियस : अरे भई, तुम बस बना दो। यह समझो एक क़िस्म का यूरिनामीटर। मुझे पेशाब की शिकायत है।

हिपेशिया : ठीक है।

ऑरिस्टीज़ : बॉडीगार्ड। *(बॉडीगार्ड आता है।) (साइनिसियस से)* फ़ादर सिरिल से मिलने जा रहे हैं ना?

साइनिसियस : हाँ हाँ भई और क्या।

ऑरिस्टीज़ : गाड़ीवान से कहो, फ़ादर साइनिसियस को फ़ादर सिरिल के घर पहुँचा दे।

साइनिसियस : नहीं नहीं, यह मुनासिब न होगा। तुम्हारी गाड़ी या हिपेशिया की गाड़ी में जाना ठीक नहीं। मेरी फ़िक्र मत करो। मैं निकल जाऊँगा।

ऑरिस्टीज़ : अच्छा फ़ादर। फिर मुलाकात होगी।

साइनिसियस : ज़रूर, लेकिन बाद में। बशर्ते-हयात।

हिपेशिया : अलविदा साइनिसियस।

(तीनों का प्रस्थान। रावी आते हैं)

रावी 1 : सिरिल ने साइनिसियस से मिलने से इंकार कर दिया।

रावी 2 : साइनिसियस का दिल टूट गया। वो लीबिया वापस चले गए।

रावी 1 : वतन पहुँचने के चंद महीनों के अंदर-अंदर सन् 413 ई. में उनका इंतक़ाल हो गया।

रावी 2 : इधर अस्कंदरिया के हालात में कोई सुधार नहीं आया।

रावी 1 : हालात बिगड़ते और बिगड़ते चले गए।

रावी 2 : फिर दो साल बाद सन् 415 ई. में एक बड़ी घटना हुई।

(रावियों की आख़िरी लाइनों के दौरान बाज़ार का दृश्य बनने लगता है।)

दृश्य पाँच

(बाज़ार)

(सड़क के किनारे कुछ दुकानदार बैठे बातें कर रहे हैं। एक आदमी की जूतों की दुकान है। दूसरा तस्वीरें बेच रहा है। एक औरत के पास काँच के बर्तन और खिलौने हैं। तीसरा कुछ किताबें फैलाए बैठा है। राहगीरों की चहलपहल है। एक ग्राहक काँच की दुकान पर भाव कर रहा है। दूसरा तस्वीरें देख रहा है।)

ग्राहक 1 : इस चिड़िया के क्या दाम हैं?

औरत : दस दीनार।

ग्राहक 1 : इतनी मँहगी? और यह जानवर?

औरत : यह जानवर नहीं है। स्फिन्क्स है। कहाँ के रहने वाले हो?

ग्रेगरी : तुम्हारे पास देवताओं की तस्वीरें भी हैं?

दुकानदार 2 : हैं क्यों नहीं? यह देखो।

(एक मुअर्रिख किताबों की दुकान पर आकर किताबें देखने लगता है)

मुअर्रिख : *(कुछ किताबें देखने के बाद)* भई में कुछ इतिहास की किताबें देखना चाहता हूँ। हैं तुम्हारे पास?

दुकानदार 3 : कौन-सा इतिहास?

मुअर्रिख : मिस्र का।

दुकानदार 3 : ये किताबें देखिए।

ग्रेगरी : ये आज की बनी हुई तस्वीरें हैं। पुरानी तस्वीरें नहीं हैं तुम्हारे पास।

दुकानदार 2 : बस जो है आपके सामने है।

मुअर्रिख : मुझे मिस्र के पुराने इतिहास पर लिखी हुई पुरानी किताबें चाहिए।

ग्रेगरी : *(मुअर्रिख से)* अरे साहब, मुझे पुरानी तस्वीरों की तलाश है, और वो यहाँ मौजूद नहीं। आपको पुरानी किताबें दरकार हैं, जो यक़ीनन अब कहीं नहीं मिलेंगी।

मुअर्रिख : जी! अब देखिए, लाइब्रेरी में तो अब कुछ बचा नहीं, और मैं फ़िरऔनों के ज़माने का इतिहास मालूम करना चाहता हूँ। आखिर कहाँ जाऊँ?

ग्राहक : आप लेखक हैं?

मुअर्रिख : मुअर्रिख हूँ।

ग्रेगरी : किस ज़माने की तारीख लिख रहे हैं?

मुअर्रिख : लिख तो रहा हूँ आज के ज़माने का इतिहास, लेकिन जब तक आज की बातों को पुराने ज़माने की चीज़ों से मिलाकर न देखूँ, कुछ नहीं लिख सकता।

ग्रेगरी : देखिए पुरानी चीज़ों की तलाश आज के स्कंदरिया में नामुमकिन है। लेकिन अभी कुछ लोग यहाँ बाक़ी हैं, जिन्हें पुरानी कथाएँ याद हैं। आप तो उन लोगों से बात कीजिए। किताबों की तलाश छोड़िए।

मुअर्रिख : कहाँ हैं वो लोग? मैंने तो सुना है ऐसे लोग बहुत कम रह गए हैं।

ग्रेगरी : फिर आप वहाँ जाइए, जहाँ ये लोग चले गए हैं। मिस्र का इतिहास लिखने के लिए आपको मिस्र से दूर जाना होगा, बाहर उन मुल्कों में जहाँ ये निकल गए हैं। अरे भई पहले यहूदी ईसाइयों को मारते रहे, अब ईसाई उन्हें यहाँ से भगा रहे हैं। उन्हीं के साथ बहुत पेगन भी हैं। और अक्ल उन्हीं

लोगों में थी लेकिन आप यहाँ हैं तो फिलहाल मुझ जैसे लोगों से बात कीजिए। इन औरतों से पूछिए, बुजुर्गों से मिलिए। अभी भी इन लोगों के पास बहुत ख़ज़ाना है। आप हिपेशिया को जानते हैं?

मुअर्रिख : नाम सुना है।

ग्रेगरी : उनसे मिलिए। किताबों से कुछ नहीं मिलेगा। आप ज़रा देर रुक जाएँ वो बस आती ही होंगी। हर जुमेरात को वो यहाँ आती हैं मैं भी उन्हीं का इंतज़ार कर रहा हूँ आप भी मिल लीजिएगा।

मुअर्रिख : यहाँ क्यूँ आती हैं?

ग्रेगरी : हर जुमेरात को यहाँ लेक्चर देती हैं। लोगों से बातें करती हैं। उनके सवालों का जवाब देती हैं।

(अफ़सर आता है।)

अफ़सर : बच्चों के जूते दिखाओ।

जूतों का दुकानदार : कितना बड़ा बच्चा?

अफ़सर : आठ-दस का। इतना बड़ा। *(दुकानदार जूते दिखाता है)*

हज्जाम : *(हजामत बनाते हुए)* भाईसाहब, कहाँ से आए हैं आप?

मुअर्रिख : नकाइया से आए हैं साहब।

हज्जाम : कहाँ ठहरे हैं?

मुअर्रिख : बंदरगाह के पास एक कमरा ले रखा है।

हज्जाम : उसे छोड़ दीजिए। बहुत दूर है। मेरे यहाँ चलिए। मेरे पास एक खोली है। वहीं रहिएगा। मेरी माँ के हाथ का पका हुआ खाना खाइए, तबीयत खुश हो जाएगी। दुनिया भर में ऐसा खाना नहीं मिलेगा आपको। आपके पैसे भी बचेंगे। मेरा कमरा और खाना सस्ता पड़ेगा। वहीं मेरी नानी से मिलिएगा। आपका काम भी हो जाएगा। वो जो किस्से-कहानियाँ पुराने-पुराने जानती हैं, आपको और कहीं सुनने को नहीं मिलेंगे। वैसे

मेरी माँ भी बहुत कुछ जानती है। और मैं भी इतिहास के मामले में कुछ कम नहीं हूँ। अब इस गाहक के बाद आ जाइए। यानी बाल बनवा लीजिए। और मेरे साथ बस चल कर देख लीजिए कमरा। सामान बाद में ले आइएगा। घोड़ा गाड़ी मेरे घर के पास मिल जाएगी। और हाँ, आज तो हमारे घर का खाना खाकर आपकी दुनिया अगर न बदल जाए तो मेरा नाम बदल दीजिएगा। मेरी माँ ने आज पाँच सब्ज़ियों को मिलाकर तरकारी तैयार की है और जब वो ये खाना पकाती है तो घर में हम सबकी खुराक डबल हो जाती है। कुछ समझे आप।

अफ़सर : इस जूते की कीमत?

दुकानदार : 25 दीनार। *(अफ़सर पाँच दीनार फेंक कर जूते ले लेता है।)* अरे साहब! आप पाँच दीनार दे रहे हैं, मैंने पच्चीस कहा।

अफ़सर : तू पाँच सौ कहता तो क्या मैं तुझे पाँच सौ दे देता। पाँच दीनार इन जूतों के लिए बहुत हैं। यही इनकी क़ीमत है। जो क़ीमत चाहते हो, हाँक देते हो साले।

दुकानदार : तो क्या आप जो क़ीमत चाहेंगे हमारे माल पर लगा देंगे। आजकल पाँच दीनार में जूते आपको कहीं नहीं मिलेंगे हुजूर। आप बीस दीनार और दें वरना जूते रख दें।

अफ़सर : अबे छोड़। जूते तुझे मैं मुफ्त देता हूँ, हरामखोर। *(जूते छुड़ा लेता है। झगड़ा हो जाता है। अफ़सर दुकानदार पर हाथ चला देता है। इस पर दूसरे दुकानदार भी चीख-पुकार शुरू कर देते हैं। इतने में राहिबों का शोर शुरू होता है। अफ़सर दूसरी तरफ भागता है। ऑरिस्टीज़ का प्रवेश। अफ़सर को देखकर रुकता है।)*

ऑरिस्टीज़ : क्या बात है?

अफ़सर : कुछ शोर सुनाई दे रहा है।

ऑरिस्टीज़ : जाओ देखो क्या बात है।

(अफ़सर जाता है। हिपेशिया का प्रवेश। पीछे-पीछे कोचवान।)

ग्रेगरी : लो वो आ गई।

हिपेशिया : ग्रेगरी तुम्हारे भाई का क्या हाल है?

ग्रेगरी : अब ठीक है। आपका दिया हुआ मरहम बहुत अच्छा था। अब बिलकुल ठीक है।

हिपेशिया : मेरे अच्छे नागरिको, मेरे दोस्तो *(बाहर से राहिबों का शोर। ऑरिस्टीज़ का प्रस्थान)* आजकल हमारे इर्दगिर्द जो कुछ हो रहा है, उसे देखिए, उस पर गौर कीजिए, और उसे समझने की कोशिश कीजिए। हर मज़हब एक नया ख़याल लेकर आता है। लेकिन आगे चलकर उसमें एक ऐसा मुकाम भी आ सकता है, जब उसमें कट्टरपन आ जाता है। *(बाहर से राहिबों का शोर)* अगर मज़हब यहाँ पहुँचकर रुक गया और दूसरे मज़हब के लोगों को जुल्म-ओ-तशद्दुत का शिकार बनाने लगा, तो ऐसा मज़हब, महज़ जहालत बनकर रह जाता है और कुछ नहीं। हाँ, अगर वो अपने सामने के उस दूसरे रास्ते पर आ जाए, जहाँ सारी इंसानियत, सारी मानवता से मुहब्बत और रवादारी की मंज़िलें मिलती हैं, तो वो पनपता रहेगा और उसके साथ-साथ, साहित्य, विज्ञान और समाज का कल्चर भी तरक्क़ी करता रहेगा।

(बाहर से राहिबों का शोर। अफ़सर और ऑरिस्टीज़ का अलग-अलग दिशाओं से प्रवेश।)

ऑरिस्टीज़ : क्यों क्या हो रहा है?

अफ़सर : राहिबों का दल शायद इस तरफ़ आ रहा है।

(राहिबों का हमला होता है। मंच पर उथल-पुथल मचती है। लूटपाट, मारपीट होती है। चिल्लाती एक पागल औरत का प्रवेश।)

पागल औरत : *(चिल्लाते हुए)* लानत है। धर्म पर लानत है। मज़हब पर लानत है। सिरिल पर लानत। उस हरामज़ादे पीटर पर लानत।

गवर्नर पर लानत। बादशाह पर लानत। लानत है। लानत है। लानत है। *(अपना बचा-खुचा सामान फेंकते हुए)* लो, ले जाओ, यह भी ले जाओ, सब कुछ ले जाओ। तुम्हारे राहिबों पर लानत। लो, लो, *(बदन के कपड़े फाड़ कर फेंक देती है)* इन कपड़ों पर लानत। इस शहर पर लानत। तुम्हारी हुकूमत-ए-तुम्हारी सरकार पर लानत। मुझे क्यों छोड़ा? मार डालो। हरामज़ादे, सूअर के बच्चे। लानत है तुम सब पर। **(बड़बड़ाती हुई बैठ जाती है। हिपेशिया और कोचवान का प्रवेश। हिपेशिया पागल औरत को दिलासा देती है।)**

हिपेशिया : *(कोचवान को)* यूसुफ़ इन्हें बग्घी में घर तक पहुँचा दो। **(कोचवान औरत को ले जाता है। हिपेशिया का प्रस्थान। मंच पर एक लाश पड़ी है। ऑरिस्टीज़ अपने सिपाहियों के साथ आता है। राहिब नारे लगाते हुए–नास्तिकों को बाहर भगाओ, यहूदियों को देश निकाला दो–आते हैं।)**

ऑरिस्टीज़ : आप लोग अपने मठ में वापस चले जाएँ।

राहिब 1 : क्या कर लोगे हमारा?

राहिब 2 : यह धौंस अपने लोगों को दिखाओ। हम ऐसी गीदड़ भबकियों से नहीं डरते।

राहिब 3 : हम अपने धर्म का पालन कर रहे हैं। हम अधर्मियों को नहीं पनपने देंगे।

राहिब 1 : तुम नास्तिक हो।

राहिब 2 : शहर में तुम लोगों का राज है। तुम्हारा व्योपार, तुम्हारी दुकानें हैं। हम तुम लोगों को मार भगाएँगे, दुकानें लूट लेंगे, और वहाँ अपने ईसाई भाइयों को लाकर बिठाएँगे।

ऑरिस्टीज़ : आप लोग बग़ावत कर रहे हैं। मैं यहाँ शहंशाह का प्रतिनिधि हूँ। मेरे ख़िलाफ़ आवाज़ उठाना गोया बादशाह के ख़िलाफ़ आवाज़ उठाना है। मैं एक बार फिर आप सबसे विनती करता हूँ आप चले जाएँ।

राहिब 1 : तुम ख़ुद चले जाओ।

राहिब 2 : हमारे रास्ते से हट जाओ।

राहिब 3 : हम तुम्हारी मनहूस सूरत नहीं देखना चाहते।

राहिब 1 : हट जाओ हमारे सामने से।

राहिब 2 : ऑरिस्टीज़।

सब : मुर्दाबाद।

ऑरिस्टीज़ : शांत हो जाइए। मेरी बात सुनिए। शासन का एक दस्तूर एक संविधान है, इसे न तोड़ें तो अच्छा है। नागरिकों को सुख-चैन से ज़िंदगी बसर करने का अधिकार है, इस अधिकार को उनसे न छीनिए।

राहिब 3 : अरे तुम्हारे अधिकार की ऐसी तैसी।

राहिब 1 : भाड़ में जाए तुम्हारा संविधान।

राहिब 2 : मारो!

(इतना कहते ही राहिब ऑरिस्टीज़ पर पिल पड़ते हैं, नारे लगाते हुए–नास्तिकों को मिटाओ, सालों को।–अमोनियस बढ़कर ऑरिस्टीज़ पर एक बड़े से पत्थर से वार करता है, ऑरिस्टीज़ गिर जाता है, अमोनियस चाकू निकालता है, ऑरिस्टीज़ जो ज़मीन पर है, अमोनियस की टाँग पकड़कर उसे गिरा देता है, और तेज़ी से खुद खड़ा होकर उसे अपनी तलवार से मार देता है। बाकी राहिब भाग जाते हैं। सिपाही उनका पीछा करते हैं। अफ़सर खड़ा रहता है। इतने में हिपेशिया और मुअर्रिख आते हैं।)

हिपेशिया : ऑरिस्टीज़। ख़ून।

ऑरिस्टीज़ : अब मुझे इस्तीफ़ा दे देना चाहिए हिपेशिया। वो देखो वो चला आ रहा है। सिरिल का गुलाम पीटर। अपने साथ राहिबों को वापस ला रहा है। बस अब आओ चलें यहाँ से।

हिपेशिया : *(मुअर्रिख से)* आप मेरे साथ चलिए।

(तीनों का प्रस्थान। पीटर राहिबों के साथ आता है।)

पीटर : भाइयो, आज हमारा एक ईसाई भाई अमोनियस खुदा के नाम पर शहीद हो गया। *(शोर)* खुदा इन नास्तिकों को जड़ से काट कर फेंक देगा, जिन्होंने एक बेगुनाह ईसाई राहिब को तहे-तेग़ किया। *(शोर)* खुदा की तलवार नज़र नहीं आती, लेकिन जब गिरती है, तो बिजली की सी तेज़ी से दुश्मन का सफ़ाया कर देती है। वो देखो वो जा रहा है एक राहिब का क़ातिल अपनी ज़लील माशूका के साथ। वो सब देख रहा है, ऊपर वाला ख़ामोश नहीं बैठ सकता। उसका ग़ज़ब शहीद का ख़ून बहाने वालों पर अनकरीब नाज़िल होगा।

राहिब 1 : पीटर।

सब : ज़िंदाबाद।

राहिब 1 : ऑरिस्टीज़।

सब : मुर्दाबाद।

पीटर : अमोनियस की लाश का एहतिराम करो।

राहिब 2 : यह जुल्म बरदाश्त नहीं हो सकता।

राहिब 1 : सुनो, पीटर क्या कह रहे हैं।

सब : हरगिज़ बरदाश्त नहीं हो सकता। हम अमोनियस के ख़ून का बदला लेकर रहेंगे। ख़ून का बदला ख़ून।

राहिब : अमोनियस।

सब : ज़िंदाबाद।

कुछ लोग : हरामज़ादा गवर्नर। उसके सिपाही कैसे दुम दबाकर भाग गए। नामर्द साले।

पीटर : ख़ामोश, भाइयो ख़ामोश। तुमने पीटर की बात सुनी, अब ज़रा सब्र करो, तुम्हारे पेट्रियार्क आ रहे हैं। फादर सिरिल उनका इस्तकबाल करो। उनकी बात ध्यान से सुनो।

सब : फ़ादर सिरिल ज़िंदाबाद। ख़ामोश रहो। फ़ादर सिरिल बोल रहे हैं। वग़ैरह वग़ैरह ।

(नारों के शोर में सिरिल का दाखिला)

सिरिल : मेरे बच्चो, आज मातम का दिन है। आज एक ईसाई का ख़ून बहा दिया गया है। ईसाई भी कौन? एक पाकबाज़ राहिब। जिसका नाम दुनिया में मरने से पहले अमोनियस था, और आज शहादत के बाद हम उसे सेंट थोमेसियस के नाम से याद करेंगे।

पीटर : सेंट थोमेसियस।

सब : ज़िंदाबाद।

पीटर : पेट्रिआर्क सिरिल।

सब : ज़िंदाबाद।

सिरिल : मेरे बच्चो। वक्त का इन्तिज़ार करो। शहीद के ख़ून की एक-एक बूँद में खुदा का नूर, उसकी अज़मत झलक रही है। वो नास्तिक जिन्होंने आज एक पाक राहिब अमोनियस पर हमला किया और उसे सेंट थोमेसियस बना दिया, खुदा का क़हर उन पर नाज़िल होगा। *(नारे—सेंट थोमेसियस ज़िंदाबाद, फादर सिरिल ज़िंदाबाद, गवर्नर ऑरिस्टीज़ मुर्दाबाद।)* ख़ामोश रहो। मेरी बात ग़ौर से सुनो। सेंट थोमेसियस को इज्ज़तो हुरमत के साथ यहाँ से गिरजा ले जाओ। आज का दिन ईसाइयों के लिए उनके दर्शन का दिन है। और कल का दिन उनकी मय्यत उठाने का दिन।

कल जनाज़ा बड़ी धूमधाम से उठेगा, उसी जोशो-खरोश से, जो ऐसे मौक़े के लिए मुनासिब है। इस सिलसिले में मेरी तरफ़ से जो एहकामात होंगे, वो मैं आपके भाई पीटर को बता दूँगा। पीटर क़ाबिले एहतिराम है। उनके एहकामात को मेरे एहकामात तसव्वुर करें। सेंट थोमेसियस ने अपने जिहाद से आपकी रहनुमाई की है। मैं दुआ करता हूँ कि खुदा आपको उन्हीं के नक्शे-क़दम पर चलने की हिदायत दे। आमीन।

सब : आमीन।

सिरिल : बस अब जाइए।

(नारे–सेंट थोमेसियस ज़िंदाबाद। फादर सिरिल ज़िंदाबाद। भाई पीटर ज़िंदाबाद। ऑरिस्टीज़ मुर्दाबाद। वग़ैरह वग़ैरह। नारों के शोर के साथ राहिबों का मजमा अमोनियस की लाश उठाकर ले जाता है। सिरिल पीटर को पास बुलाकर कहता है।)

सिरिल : पीटर।

पीटर : फादर। *(घुटनों के बल होकर अपना सर झुका देता है। सिरिल उसके सर पर क्रास का निशान बनाते हैं।)*

सिरिल : उठो पीटर। सेंट थोमेसियस की ताज़ीम लाज़िमी है। मय्यत को फूलों से सजाओ। ज़रदोज़ अतलस से उसकी ज़ेबाइश बढ़ाओ। बेटे अब मेरी हिदायतें ग़ौर से सुन लो। क्योंकि मैं तुम्हारे साथ नहीं रहूँगा। यह शहर हर क़िस्म के ऐब, हर किस्म की बुराइयों से भरा हुआ है। लोग अफ़लातून और अरस्तू जैसे नास्तिकों का संदेशा फैलाते हैं, और दूसरे लोगों को आज़ाद ख़याली के नाम पर इस बकवास का मौक़ा देते हैं। ऐसी चीज़ों का नाम उन्होंने रवादारी, टॉलरेंस, सद्भावना रख छोड़ा है। मेरे बेटे मैं जानता हूँ, इसका सही नाम क्या है। खुदा और उसके बेटे ईसा मसीह के ख़िलाफ़ बग़ावत का नाम है अधर्म, नास्तिकता, शैतनत, और एक तरह की सूडो सेक्यूलरिज्म। पीटर, मेरे बेटे, तुम मेरी बात समझ रहे हो?

पीटर : अच्छी तरह समझ रहा हूँ फादर।

सिरिल : कल मय्यत में मेरा शामिल होना मुनासिब नहीं। यह चर्च का मामला है। इसमें किसी क़िस्म की पेचीदगी या गुत्थी पड़ जाए यह मुनासिब नहीं होगा। ऐसा होने से दिक़्क़त पैदा हो सकती है।

पीटर : आपकी ज़रूरत नहीं होगी फादर। इस काम के लिए मैं काफ़ी हूँ। मैं अपना फ़र्ज अंजाम दूँगा। मैं हलफ़ लेता हूँ कि अपनी

ज़िम्मेदारियाँ निभाने में कोई कसर न उठा रखूँगा।

सिरिल : मुझे तुम पर पूरा एतिमाद है। बस अब जाओ। काम से लग जाओ।

(पीटर घुटनों पर आ जाता है। सिरिल सलीब का निशान उसके सर पर बनाता है। दोनों अलग-अलग दिशाओं में प्रस्थान करते हैं। मंच पर पड़ी लाश कुछ शहरी आकर उठा कर ले जाते हैं। रावी उनको देखते हुए आते हैं)

रावी 1 : सिरिल ने ईसाई मज़हब को एक हर्वे की तरह इस्तेमाल करना शुरू कर दिया। उसी हर्वे से यहूदियों पर हमले किए।

रावी 2 : उसी हर्वे से दूसरे बहुईश्वरवादी मज़हबों को कुचलता रहा।

रावी 1 : और उसी एक हर्वे से उन ईसाइयों को भी राहे-रास्त पर लाने में लगा रहा जो उसकी नजर में पक्के ईसाई नहीं थे।

रावी 2 : बिल्कुल उसी तरह जिस तरह हमारे यहाँ के कुछ कट्टरपंथी लीडर दूसरे मज़हबों को नज़रअंदाज़ करते हैं, और फिसाद की आग फैलाते हैं।

दृश्य छः

(हिपेशिया का घर)

(हिपेशिया और मुअर्रिख का प्रवेश)

हिपेशिया : मिस्र का पुराना इतिहास जानने वाले यकीनन बहुत कम रह गए हैं। एक शख़्स था, जो अब नहीं रहा। नाम शायद आपने सुना हो।

मुअर्रिख : आपका इशारा शायद फादर साइनिसियस की तरफ़ है।

हिपेशिया : जी। उन्हें गुजरे हुए कोई दो साल हो गए।

मुअर्रिख : उनकी किताबें मैं पढ़ना चाहूँगा।

हिपेशिया : वो तो ख़ैर उन्होंने ईसाई मज़हब पर लिखी हैं। फिर भी कुछ भनक मिस्र के मज़हबों की उनकी किताबों में आपको ज़रूर मिल जाएगी।

मुअर्रिख : मिस्र के मज़हबों के बारे में जो कुछ मैंने अब तक मालूम किया है, मैंने देखा कि अलग-अलग ख़यालात मिलते हैं, जो एक-दूसरे के विरुद्ध हैं।

हिपेशिया : उसकी वजह ये है कि मिस्र के फ़लसफ़ों का हरेक बुनियादी ख़याल गोया सच्चाई की एक कुंजी है। चुनांचे मुख़्तलिफ़ ख़यालात उन कुंजियों की तरह हैं जो ताले की पेचीदा शक्ल के लिए मुनासिब है। यानी ये समझो कि ताले में कई सूराख़ हैं और कुंजियाँ अलग-अलग सूराख़ों में फिट की जा सकती हैं। और हर कुंजी से ताला खुल सकता है।

(तेजी से ऑरिस्टीज़ अंदर आते हैं।)

ऑरिस्टीज़ : हिपेशिया, लफ़्ज़ थोमेसियस का क्या मतलब है?

हिपेशिया : *(वक्फ़ा, सोचती है।)* थोमेसियस का मतलब है मोजिज़ा-अंगेज़। अजीबोग़रीब। चमत्कारजनक। अद्भुत। मिरैकुलस। क्यों पूछ रहे हो?

ऑरिस्टीज़ : कमाल है।

हिपेशिया : हाँ थोमेसियस का यह मतलब भी है। कमाल। लेकिन तुम कहना क्या चाहते हो?

ऑरिस्टीज़ : सिरिल ने उस पाजी को, जिसका नाम एमोनियस है, एक शहीद के मरतबे पर उठा दिया। उसे एक नया लक़ब दिया गया है सेंट थोमेसियस।

हिपेशिया : ख़ूब।

ओरिस्टीज़ : उसकी लाश बड़े कर्रो-फ़र से कलीसा में रख दी गई है। लोग दर्शन के लिए क़तारें लगाए खड़े हैं। कल बारह बजे मय्यत पूरी शानो-शौकत से निकाली जाएगी। सुना तुमने? हमारा अजीबोग़रीब मोजिज़ा-अंगेज़, चमत्कारजनक, मिरैकुलस, बाकमाल थोमेसियस, जो शहर के हाकिम पर पत्थर फेंकने में भी महारत रखता है, और चर्च से भी बेपनाह अक़ीदत रखता है। उसने अपनी रूहानियत का गुज़ाहिरा मरने से पहले दुनिया के सामने कर दिखाया। चुनांचे अब उसकी मय्यत का जुलूस निकलेगा और उस जुलूस को पूरी छूट होगी। कानून राहिबों के हाथ में होगा। वो चाहें तो इस शहर की ईंट से ईंट बजा दें।

हिपेशिया : *(मुअर्रिख से)* आप मुझे कल यूनिवर्सिटी में मिलिएगा।

मुअर्रिख : जी। कब?

हिपेशिया : क्लास के बाद।

मुअर्रिख : जी अच्छा।

ऑरिस्टीज़ : आप कल तक अस्कंदरिया में न रहें तो अच्छा है। हालात बहुत ख़राब हैं।

मुअर्रिख : ये भी तो इतिहास है। जरा देख लूँ।

ऑरिस्टीज़ : आपकी मर्ज़ी।

मुअर्रिख : इजाज़त। *(बाहर जाता है।)*

ऑरिस्टीज़ : हिपेशिया, कल तुम यूनिवर्सिटी मत जाना।

हिपेशिया : जी? क्या तुम मुझे हुक्म दे रहे हो?

ऑरिस्टीज़ : नहीं, विनती कर रहा हूँ।

हिपेशिया : कल यूनिवर्सिटी का आखिरी दिन है। मेरा आखिरी लेक्चर है, इसके बाद एक महीने की छुट्टी है। कल मैं यूनिवर्सिटी न जाऊँ, यह कैसे हो सकता है?

ऑरिस्टीज़ : बहाना कर दो। कह दो मेरी तबीयत ख़राब है।

हिपेशिया : ऑरिस्टीज़, मैं कोई दफ्तर नहीं जा रही हूँ, जहाँ किसी हाकिम का मुझे डर हो, और छुट्टी के लिए हीले-बहाने करने पड़ें। मैं अपनी इस साल की आखिरी क्लास लेने जा रही हूँ। जहाँ सब छात्र बेचैनी से मेरा इंतिज़ार कर रहे होंगे।

ऑरिस्टीज़ : क्या तुम किसी मस्लेहत को समझकर ज़रा-सा झूठ नहीं बोल सकतीं?

हिपेशिया : बोल सकती हूँ, लेकिन आखिर झूठ बोलने की ज़रूरत क्या है? हाँ अगर मुझे किसी ऐसी दावत में जाना होता जहाँ मुझे यह अंदेशा हो कि मैं ऊब जाऊँगी, तो मैं ज़रूर कोई न कोई बहाना कर देती। मगर अपने छात्रों के साथ बहाना? जिससे उनकी तालीम का नुक़सान हो? यह भला मैं क्यों करूँ? और वैसे भी, मुझे किस बात का ख़तरा? सिरिल ज़ाती तौर से मुझे जानता भी नहीं, मेरे ख़यालात के बारे में थोड़ा बहुत जानता हो तो जानता हो। बस तो मैं क्लास जाऊँ या ना जाऊँ अपने ख़यालात मैं बदल नहीं सकती।

ऑरिस्टीज़ : वो लोग जब मुझ पर हाथ उठा सकते हैं तो क्या तुम्हें छोड़ देंगे?

हिपेशिया : तुम मुबालग़े से काम ले रहे हो।

ऑरिस्टीज़ : ख़ुदा करे यह मुबालग़ा हो, लेकिन यह मालूम करने के लिए कल तक का इंतिज़ार क्यों किया जाय? ख़ुदा के लिए तुम तो इस तजुर्बे का शिकार अपने आपको मत बनाओ।

हिपेशिया : ख़ुदा के लिए?

ऑरिस्टीज़ : हाँ हाँ, ख़ुदा के लिए। ईसाई ख़ुदा के लिए न सही कोई और ख़ुदा सही, विज्ञान का ख़ुदा, गणित का ख़ुदा, हमारी आपस की दोस्ती का ख़ुदा। अब मैं किस ख़ुदा का तुम्हें वास्ता दूँ? बस तुम मुझसे वादा करो कल घर रहोगी। बाहर नहीं निकलोगी।

हिपेशिया : वादा? वादा तो आज तक तुमने मुझसे अपनी मुलाक़ातों के सिलसिले में भी नहीं लिया। मेरा जब जी चाहता है तुम्हारे पास आ जाती हूँ। तुम जब चाहते हो मुझे बुला लेते हो।

ऑरिस्टीज़ : मैं देख रहा हूँ कि तुम समझौते जैसी चीज़ नहीं जानतीं। तुम्हारे दिमाग़ में वो लचक नहीं।

हिपेशिया : समझौता? समझौता बादशाहों के बीच होता है। मैदाने-जंग में होता है। सियासत और पॉलिटिक्स में होता है। ख़यालात में क्या समझौता?

ऑरिस्टीज़ : अगर सवाल ज़िंदगी और मौत का हो तो आदमी अपनी वज़ादारी को एक दिन के लिए मौक़ूफ़ कर सकता है, ताकि ज़िंदा रहकर वो अपने ख़यालात की लड़ाई लड़ता रहे।

हिपेशिया : मेरी यह राय नहीं है। मेरे ख़याल से इस क़िस्म की लड़ाई एक दिन, एक लम्हे के लिए भी टाली नहीं जा सकती। हर समझौता ख़याल की कड़ी में एक गुत्थी पैदा कर देता है। बुनियादी उसूल तहलील होकर रह जाते हैं। फिर से उनका सिरा पकड़ना मुहाल हो जाता है।

ऑरिस्टीज़ : ये बचपने की बातें छोड़ो और मेरी बात मान लो।

हिपेशिया : मैंने अपना बचपना बहुत कम उम्र में पीछे छोड़ दिया था

ऑरिस्टीज़। अब मुझे एक नये साँचे में ढालना बहुत मुश्किल है।

ऑरिस्टीज़ : ग़ुस्सा थूक दो और मेरी ख़ातिर सिर्फ़ एक बार मेरी यह एक बात मान लो।

हिपेशिया : यही वो लोग भी चाहते होंगे। मैं डर कर घर बैठ जाऊँ। इससे बेहतर उनके लिए और क्या हो सकता है। मैं उनको यह मौक़ा देना नहीं चाहती। मैं कल के दिन को यही समझूँगी कि हर रोज़ की तरह का एक दिन है, बस।

ऑरिस्टीज़ : तुम बिल्कुल अपने बाप की तरह हो हिपेशिया।

हिपेशिया : इसमें तो किसी को कोई हैरत नहीं होना चाहिए।

ऑरिस्टीज़ : तुममें बस यही एक ऐब है। ज़िद्दी बहुत हो।

हिपेशिया : यही शायद सिरिल भी सोचता होगा। आप दोनों कम से कम इस मामले में शायद हमख़याल हैं। ऑरिस्टीज़, डार्लिंग, मुझसे ज़्यादा ख़तरा तुम्हें है। एक बार तुम्हारी जान पर हमला हो चुका है। उसी का यह नतीजा है। देखो ऑरिस्टीज़ तुम मेरी फ़िक्र न करो। बल्कि तुम्हें अपनी मुहाविज़त में बहुत मुस्तैदी से काम लेना होगा। और होशियारी से।

ऑरिस्टीज़ : हिपेशिया। *(वक़्फ़ा)*

हिपेशिया : कहो। *(वक़्फ़ा)*

ऑरिस्टीज़ : कुछ नहीं। *(वक़्फ़ा)*

हिपेशिया : ऑरिस्टीज़ इतने उदास मत हो। देखो, मेरे चेहरे पर तुम्हें कोई परेशानी नज़र आ रही है? अच्छा आओ खाना खाएँ। साइनिसियस ने मुझे एक नया डिश लीबिया का सिखाया था। उसकी याद में आज वो बनाया है।

(दोनों जाते हैं।)

दृश्य सात

(सिरिल का घर)

सिरिल : पीटर। *(पीटर आता है।)*

पीटर : फादर।

सिरिल : देखो बेटे, सेंट थोमेसियस की मयूयत में बस अब कोई एक घंटे का वक्त बचा है। तुम्हारी तैयारी में कोई कमी तो नहीं है?

पीटर : मेरी तैयारी मुकम्मल है। नाइट्रिया के राहिबों के अलावा, और दीगर मठों से भी राहिब जमा होते जा रहे हैं। शहर के बाशिंदे कल फूल चढ़ाने के लिए आए थे। उनमें से बहुत से कलीसा में इंतिज़ार कर रहे हैं।

सिरिल : शहरियों की इतनी ज़रूरत नहीं है, जितनी पाक राहिबों की है। जिनके दिल में खौफ़े-खुदा है, उनकी तादाद ज्यादा होनी चाहिए।

पीटर : अब तक कोई दो हज़ार राहिब तो जमा हो ही गए होंगे। शहरी तो बस यही कोई सौ डेढ़ सौ होंगे।

सिरिल : नाइट्रिया के राहिबों को जुलूस में सबसे आगे रखना होगा।

पीटर : नाइट्रिया के राहिब ग़मो-गुस्से से भरे हुए हैं।

सिरिल : उनके हौसलों को बुलंद रखना होगा।

पीटर : ऐसा ही होगा।

सिरिल : जुलूस के उन रास्तों और उन मुहल्लों से ले जाना होगा, जहाँ सबसे ज़्यादा तादाद में नास्तिकों की मौजूदगी की

संभावना हो।

पीटर : ऐसा ही होगा।

सिरिल : यह शहर का नक्शा है। यह यूनिवर्सिटी कैम्पस है। यही वह अहाता है जहाँ ऐसे काफ़िर ग़लत तालीम देकर नौजवानों को बरगलाने में लगे हैं। पीटर, मेरे बेटे, मय्यत ले जाते वक्त तुम्हें इस कैंपस का खास तौर से लिहाज रखना होगा।

पीटर : मुझे याद रहेगा।

सिरिल : जुलूस को उसी कैंपस के अंदर से घुमाकर ले जाना अशद ज़रूरी है।

पीटर : आप बेफ़िक्र रहें फादर। मैं अपने आपको आपके एतिमाद के क़ाबिल बनाने में कोई कोताही नहीं बरतूँगा। आज इस शहर के गुनहगार खुदा की मर्ज़ी से कुछ कम कर दिए जाएँगे।

सिरिल : आमीन।

पीटर : फादर।

सिरिल : कहो।

पीटर : गवर्नर बहुत देर से आपका इन्तिज़ार कर रहे हैं। मैंने कह दिया था कि आप बहुत मसरूफ़ हैं। वो कहने लगे मैं इन्तिज़ार करूँगा। आप कहें तो उन्हें चलता करूँ।

सिरिल : गवर्नर? वो भी आज के दिन? कब आए?

पीटर : यही कोई पंद्रह-बीस मिनट हुए होंगे।

सिरिल : तुमने पहले नहीं बताया?

पीटर : मैं आपको परेशान नहीं करना चाहता था।

सिरिल : हूँ। अच्छा भेज दो।

पीटर : आपका हुक्म हो तो कह दूँ कि अभी तक मसरूफ़ हैं।

सिरिल : नहीं। इससे कोई फ़ायदा नहीं। उन्हें आने दो।

पीटर : जी अच्छा।

सिरिल : और सुनो। कोई दस मिनट में तुम मेरे पास आ जाना।

पीटर : जी ज़रूर। *(पीटर जाता है और गवर्नर को लेकर वापस आ*

जाता है।) आ जाइए। पेट्रियार्क अदीमुल-फुर्सत हैं। बात मुख़्तसर रखिएगा। *(पीटर जाता है।)*

ऑरिस्टीज़ : मैं एक ज़रूरी काम से आया हूँ।

सिरिल : मेरे पास भी वक्त कम है। चर्च के एक ज़रूरी काम से मुझे कलीसा पहुँचना है।

ऑरिस्टीज़ : आपका इशारा ग़ालिबन अमोनियस की मय्यत से है।

सिरिल : सेंट थोमेसियस की मय्यत। जिन्होंने खुदा की राह में अपनी जान निसार कर दी।

ऑरिस्टीज़ : आप मुझे माफ़ करें मुझे अमोनियस को यह दर्जा देने में कुछ तकल्लुफ़ है। आपके लिए वो शहीद होगा। मेरे लिए वो एक चीखते-चिल्लाते हुए जाहिलों के गुट का सरगना है, जिसने शहर के हाकिम की ज़िंदगी पर हमला किया, और मारा गया। कानून की रू से यह बिल्कुल वाज़िब था।

सिरिल : खुदा के बेटे पर ईमान रखने वाले हमेशा जुल्म का शिकार बने रहे हैं। वो ज़ालिम जहन्नुम रसीद नीरो, उसने ईसाइयों पर क्या-क्या जुल्मो-सितम रवा नहीं रखे। आप अस्कंदरिया के गवर्नर की हैसियत से शायद उन्हीं रिवायतों पर क़ायम हैं, हालाँकि अब हुकूमत का मज़हब बहुक्मे सरकार ईसाई है। चीखते-चिल्लाते जाहिलों का गुट, आपके अल्फ़ाज़ मेरे दिल पर नक्श रहेंगे गवर्नर ऑरिस्टीज़, जो आपने अस्कंदरिया के सिविल मजिस्ट्रेट की हैसियत से पाकबाज़ ईसाई राहिबों के इज्तिमा के लिए आज इस्तेमाल किए हैं।

ऑरिस्टीज़ : मेरे लिए, या किसी भी ऐसे शख़्स के लिए, जिसके दिल में मुहज़्ज़त दुनिया के उसूलों और शहर के अम्नो-अमान का ख़याल है, वो मजमा चीखते-चिल्लाते जाहिलों के गुट के सिवा और कुछ नहीं था। हाँ, अलबत्ता शायद एक पेट्रियार्क के तुक्तए नज़र से वो मजमा पाकबाज़ राहिबों का एक मजमा कहा जा सकता होगा। और यह भी मुमकिन है आपकी नज़र

में वो पत्थर जो हवा में उड़कर मेरे सर पर गिरा था। वह दरअसल पत्थर ही न हो, बल्कि एक हाय हो, दिल से निकली हुई आह, जिसमें एक मोजिज़े से सख्ती और ठोसपन पैदा हो गया हो।

सिरिल : मेरे अक़ीदतमंदों का जो भी अमल होता है वो दुनिया में खुदा की हुकूमत को इस्तिक़ामत देने के लिए होता है। थोमेसियस एक शहीद है, और उसकी मय्यत उसी शान से उठेगी, जो एक शहीद को ज़ेब देती है। चाहे इससे बदकलाम नास्तिकों को कितना ही सदमा पहुँचे।

ऑरिस्टीज़ : पेट्रियार्क सिरिल, एक मुजरिम को शहादत का दर्जा बख्श देना एक जज़्बाती अमल है, और मुनज्जम समाज का धरातल जज़्बात की तहज़ीब है। आपके राहिबों में इस तहज़ीब की कमी है। उनकी रहनुमाई की जिम्मेदारी आप पर आयद होती है, अपने पेट्रियार्क पर।

सिरिल : मैं उनकी जो रहनुमाई करता हूँ, वो रूहानी है।

ऑरिस्टीज़ : क्या मैं आपसे यह पूछ सकता हूँ कि आज मय्यत के जुलूस के लिए आपने उनकी क्या रूहानी रहनुमाई की है? मय्यत ले जाते वक्त? और उसके बाद?

सिरिल : वो मातम करेंगे, दुआएँ करेंगे कि एक शहीद की रूह पर खुदा की रहमतें नाज़िल हों।

ऑरिस्टीज़ : मैंने सुना है कि उनको एहकामात आपके पिट्ठू पीटर सादिर करेंगे।

सिरिल : मैं नहीं जानता गवर्नर ऑरिस्टीज़ आप लफ़्ज़ पिट्ठू किन मानों में इस्तेमाल कर रहे हैं। मैं बस यह जानता हूँ कि पीटर चर्च के रीडर हैं। चर्च से उन्हें यही लक़ब मिला है।

ऑरिस्टीज़ : मुझे उनके बारे में ख़राब रपट मिली है।

सिरिल : क्या आपने यह सुना है कि वो अपने चर्च के फ़राएज़ अदा करने में कोताही बरतते हैं?

ऑरिस्टीज़ : यह कहना ज़्यादा मुनासिब होगा कि वो अपने फ़राएज़ का ग़लत इस्तेमाल करते हैं। वो इसे भी अपना फ़र्ज समझते हैं कि नफ़रत, फिरकापरस्ती और तशद्दुद फैलाएँ और मुहज्ज़ब समाज की कद्रों को नज़रअंदाज़ करें।

सिरिल : आप मुहज्ज़ब समाज की बात कर रहे हैं, मैं खुदा की ताज़ीम की बात कर रहा हूँ। क्या इन दो नजरियों में कोई तालमेल है? इन दोनों में कौन-सी चीज़ मुश्तरक है?

ऑरिस्टीज़ : सबसे पहले अमून। इस बात को आप भी मानेंगे कि अपने बंदों के लिए अमून खुदा की ज़ात को पसंद है।

सिरिल : जिन लोगों को खुदा पर ईमान है, अमून खुदा को उनके लिए पसंद है। जो बंदे खुदा की बंदगी के लिए अपने को वक़्फ़ कर देते हैं, अमून खुदा को उनके लिए पसंद है।

ऑरिस्टीज़ : और वो लोग जो आपके नज़दीक अहले ईमान नहीं हैं, और जो खुदा की बंदगी के लिए अपने को वक़्फ़ नहीं करते? आपकी राय में ख्क्षुदा क्या चाहता है? उनके साथ क्या सुलूक रवा है?

सिरिल : खुदा का हुक्म है कि उसकी ताजीम के लिए जो भी सुलूक मुनासिब हो, उनके साथ वही सुलूक बरता जाए।

ऑरिस्टीज़ : उन पर गली-कूचों में हमला करना, उन्हें घायल करना, उन्हें मार डालना, यह सब भी आप जायज़ समझते हैं?

सिरिल : गवर्नर ऑरिस्टीज़, मैं आपसे एक दूसरा सवाल करना चाहूँगा। क्या आपका ख़याल है कि जो लोग खुदा के वुजूद के मुन्किर हैं, उन्हें जीने का हक़ भी है?

ऑरिस्टीज़ : *(वक़्फ़ा)* मैं यह कहूँगा कि जो मीयाद खुदा ने उनकी ज़िंदगी के लिए मुकर्रर कर दी है, उस हद तक उन्हें जीने का हक़ है। उसके बाद उन पर क्या गुज़रती है, इसके बारे में आपकी जो भी राय हो।

सिरिल : माफ़ कीजिएगा गवर्नर ऑरिस्टीज़, इसमें मेरी राय को दखल

नहीं है। वो हक़ाएक जिनका इन्किशाफ़ खुदाए तआला ने खुद किया है, वो यह हैं कि जो काफ़िर हैं, वो दोज़ख के कुन्दे हैं, वो आग के तनूर में हमेशा पड़े रहेंगे, ऐसे जहन्नुम में, जो ताक़यामत एक नाक़ाबिले तसव्वुर शिद्दत से दहकता रहेगा, और इसके बावजूद उन्हें फ़ना नहीं करेगा, क्योंकि फ़ना कर देना उन्हें अज़ाब की लानत से मोहलत देना होगा। और उन्हें अज़ाब से हरगिज़-हरगिज़ कोई मोहलत कभी नहीं मिलेगी। यह खुदा का फ़रमान है। बाइबिल में तहरीर है।

ऑरिस्टीज़ : पेट्रियार्क, मैं आपकी बात सुन रहा हूँ, और इस पर मैं कोई इस्तिदलाल नहीं करूँगा। लेकिन आपके अक़ीदतमंद अगर बाज़ारों और सड़कों पर ऐसे लोगों को डराएँ, धमकाएँ, मारें, पीटें और कत्ल करें, जिनसे कोई दुनियावी जुर्म सरज़द नहीं हुआ तो शहर के मजिस्ट्रेट की हैसियत से जो फ़राएज़ शहंशाहे वक्त ने मुझे सौंपे हैं, उनके मुताबिक मैं यह कहने पर मजबूर हूँ कि यह अमल ग़ैरकानूनी होगा।

सिरिल : चुनांचे आपने इस मौज़ू पर शहंशाह से खतो-किताबत शुरू कर दी है। आप थियोडोसियस के पास रूहानी के बरख़िलाफ़ सियासी और शासकी फ़राएज़ लेकर गए हैं। मज़हब के ख़िलाफ़ मुल्क? धर्म के विरुद्ध राष्ट्र?

ऑरिस्टीज़ : माफ़ कीजिएगा पेट्रियार्क, आप जिस तरह लफ़्ज़े ख़िलाफ़ इस्तेमाल कर रहे हैं, वो मेरे लिए कुछ परेशानी का बाइस है। मैं दो अलग-अलग चीज़ों के बारे में बात कर रहा हूँ। शासकी फ़राएज़ जो मज़हबी फ़राएज़ से मुख्तलिफ़ होते हैं। शासकी फ़राएज़ राज के सरकारी मज़हब के ख़िलाफ़ हरगिज़ नहीं, और तक़रीबन एक सौ साल से वो मज़हब ईसाई मज़हब हैं।

सिरिल : चुनांचे गवर्नर ऑरिस्टीज़ आप राज के एक नेक नागरिक की हैसियत से उस मज़हब को ऊपरी दिल से कुबूल कर लेते हैं?

ऑरिस्टीज़ : यह मेरी तौहीन है। यह आपका एक बेजा फ़रीज़ा है।

सिरिल : हरगिज़ नहीं गवर्नर। हमारी हर मुलाक़ात पर, हर मौक़े पर जब मैं आपसे तहज़ीबोतमद्दुन, अमूना-अमां, और ऐसी दूसरी रिवायतों के बारे में सुनता हूँ, जो अस्कंदरिया में यूनान से आई हैं, मुझे यक़ीन हो जाता है कि मैं एक ऐसे शख़्स से बात कर रहा हूँ, जिसने ईसाई मज़हब को ऊपरी दिल से एक पेशावर ज़ेबाइश के तौर पर अपना लिया है, एक ज़रूरी सामग्री समझकर, एक ऐसी चीज़ की तरह, जो नौकरी के लिए ज़रूरी है। जैसे सरकारी वर्दी, कोठी, गाड़ी, या नौकरी के साथ दिए हुए फ़ौजी।

ऑरिस्टीज़ : ज़रूरी सामग्री? अगली बार जब मेरे आधे दर्जन फ़ौजी पाँच सौ राहिबों के पत्थरों का निशाना बनेंगे तो मैं इस लफ़्ज़ को ज़रूर याद करूँगा। मेरे वो चंद बॉडीगार्ड नौकरी की ज़रूरी सामग्री के लिए ग़ालिबन बहुत ज़्यादा नहीं माने जा सकते। और अब आप मुझसे फ़रमा रहे हैं कि मेरा ईसाई मज़हब भी कुछ नहीं, महज़ ऊपरी दिल की एक चीज़ है। पेशावर ज़ेबाइश और मुलाज़मत की ज़रूरी सामग्री के लिए शायद मुझे कुछ बहुत ज़्यादा हाथ नहीं आया। क्यों पेट्रियार्क?

सिरिल : आपका ईसाई मज़हब? मुझे आपके मुँह पर कह देने में कोई उज्र नहीं कि आपके पास कोई ईसाई मज़हब नहीं है। आप अपनी सरकारी मुलाज़मत क़ायम रखने के लिए शहंशाह से जो चाहें कहें, लेकिन अपने दिल के अंदर झाँक कर देखिए, बातिन में आप एक दक़ियानूसी पुराने ढर्रे के बुतपरस्त हैं, और हमेशा रहेंगे।

ऑरिस्टीज़ : मुझे इसमें कोई शर्म महसूस नहीं होती कि मेरी तर्बियत यूनानी फ़लसफ़े के ख़यालात के मुताबिक हुई। लेकिन जब हुकूमत ने ईसाई मज़हब अपना लिया, तो मैंने साथ दिया, और मैं भी उसी मज़हब में आ गया।

सिरिल : साथ दिया? उस कैफ़ो-निशात, उस फ़र्ते-इन्बिसात को, जो खुदा की ज़ात में अपने आपको ज़म कर देने से महसूस होता है, आप साथ देना, मज़हब में आ जाना कहते हैं।

ऑरिस्टीज़ : मैं बस आप से यह कहना चाहता हूँ कि अगर रवादारी और भाईचारे की कोई जगह आपके मज़हब में नहीं है तो फिर तहज़ीबो-तमद्दुन के लिए आसार यक़ीनन बहुत मायूसकुन हैं।

सिरिल : मेरा मज़हब?

ऑरिस्टीज़ : हमारा मज़हब। मेरा मतलब है हमारा वो मज़हब, जिसकी तर्जुमानी आपके हाथों में है। पेट्रियार्क मुझे साफ़ अल्फ़ाज़ में बताइए कि आप इस मामले में मेरे साथ आधे रास्ते आ सकते हैं या नहीं?

सिरिल : गवर्नर ऑरिस्टीज़, आपकी ख़्वाहिश का लिहाज़ ज़रूर रखा जाएगा। आप कहते हैं कि शहर का इन्तिज़ाम एक शख़्स के हाथ में होना चाहिए। मैंने भी शहंशाह को लिख दिया है कि इक्तिदार एक आदमी के पास हो। यह छोटी-मोटी वारदात, जिसका मुझे खुद अफ़सोस है, इसलिए रूनुमा होती हैं कि मेरे मानने वाले जोशे-अक़ीदत में कभी-कभी भड़क जाते हैं। इस शहर के लोग तरह-तरह की आलूदगियों से भरे हुए हैं। भाईचारा और सद्भावना जिसे आप कहते हैं, वो एक कीड़ा है, जिसने इस शहर की रूह को छलनी कर दिया है, उसे खा लिया है। यहाँ के कुछ लोग समझते हैं सद्भावना एक पालतू जानवर है, जो फ़ख्र और शफ़क़त दोनों का मुस्तहिक़ है। लेकिन दरअस्ल यह एक नासूर है, जिसका इलाज जर्राहत है। यूनानी अकीदे, मिस्री मज़ाहिब, वो मूशिगाफी जिसे लोग फ़लसफ़े के नाम से याद करते हैं। विज्ञान, गणित, खगोल, नुजूम, वो सारे काम, जिन पर यहाँ के कुछ बरखुद ग़लत लोग, जिसमें आपकी हिपेशिया भी

शामिल है, अपना वक्त बर्बाद करते हैं। उन तमाम चीज़ों को तहज़ीबो-तमद्दुन का नाम दिया जाता है, जबकि इनमें से एक भी चीज़ ख़ुदा की ताज़ीम के लिए, उस एक वाहिद ज़ात की हुकूमत दिलों में क़ायम करने के लिए मुतलक़ ज़रूरी नहीं, बल्कि अकसर ख़ुदा की राह में एक रोड़ा है, ऐसे लोग इंसान के भी दुश्मन हैं, और ख़ुदा की ज़ात के भी दुश्मन हैं। यह एक ऐसी दुश्मनी है, जिसके आगे मेरी नौजवान उम्मत का ग़मो-गुस्सा, जिसका गाहे-ब-गाहे सड़कों पर वो इज़हार कर देते हैं, कुछ भी नहीं है।

ऑरिस्टीज़ : ताहम मैं आप से यह इल्तिज़ा करूँगा कि इस कुछ भी नहीं पर क़ाबू पाने की उन्हें हिदायत दी जाए। उसे ख़ून बहाने की हद तक छूट न दी जाए। आपके वो लोग जो दूसरी दुनिया में ऐशो-इशरत के ख़्वाब देख रहे हैं, उन दूसरे लोगों की दुनियावी ज़िंदगी हराम न करें, जो यहाँ इस दुनिया में भी ख़ुदा की नेमतों से कुछ दिन लुत्फ़-अंदोज़ होना चाहते हैं।

सिरिल : गवर्नर ऑरिस्टीज़, आइए हम अपनी गुफ्तगू दोस्ती पर ख़त्म करें, अमून के नाम पर सुलह कर लें। आप अपनी मस्लेहत से जो चाहते हैं, मैं कुछ अपनी मस्लेहत से भी वही चाहता हूँ। आप चाहते हैं मज़हब और मुल्क का फ़र्क़ मिट जाए, और शासन एक आदमी के हाथ में आ जाए। मैं भी यही चाहता हूँ। आप चाहते हैं शहर में अमनो-अमाँ कायम हो और सांप्रदायिकता हमेशा के लिए ख़त्म हो जाए। मैं भी यही चाहता हूँ। जब आप अपनी अगली रपट कुस्तुनतुनिया भेजें तो उसमें लिख दें कि आपने पेट्रियार्क सिरिल से बात की, और वो इन दोनों मामलों में आपका हमख़याल है।

ऑरिस्टीज़ : और आप पीटर को, और उसके तवस्सुत से अपने राहिबों को ताकीद कर देंगे कि आज मय्यत का जुलूस पुरअमन

तरीक़े से निकलेगा? तशन्नुज और मुफ़सिदाना जज़्बात से बरी रहेगा?

सिरिल : गवर्नर ऑरिस्टीज़, शहीद थोमेसियस का जनाज़ा, मज़हबी उसूलों के मुताबिक़, मज़हबी जज़्बात के साथ उठाया जाएगा। *(पीटर जो अब तक दरवाज़े से झाँक रहा था, अंदर आ जाता है।)* और अब मुझे इजाज़त दें।

ऑरिस्टीज़ : मज़हबी जज़्बात, और पुरअमन जज़्बात?

पीटर : फादर।

सिरिल : ऐसे जज़्बात जो एक राहिब और एक शहीद की मय्यत के लिए मुनासिब होंगे।

पीटर : मय्यत की तैयारी पूरी हो चुकी है फादर। बस आपका इन्तिज़ार है।

सिरिल : मैं आ रहा हूँ मेरे बेटे।

(सिरिल और पीटर ऑरिस्टीज़ को अकेला छोड़कर चले जाते हैं। ऑरिस्टीज़ थोड़ी देर सोच में डूबा रहता है। फिर तेज़ी से निकल जाता है। रावी आते हैं।)

रावी 1 : हिपेशिया अपनी आख़िरी क्लास लेने के लिए यूनिवर्सिटी के लिए रवाना हुई, तो मंजर बहुत सुहाना था।

रावी 2 : सन् 415 ईसवी। मार्च का महीना। लेंट का महीना। रोज़ों के दिन।

रावी 1 : अस्कंदरिया में मार्च की सुबहें बहुत पुरफ़िज़ा होती हैं। हलकी-हलकी हवा दरियाए नील की खुन्की अपने साथ लिए हिपेशिया के चेहरे को थपकियाँ दे रही थी।

रावी 2 : घोड़ों के टापों की आवाज़ ताल दे रही थी, जिसमें कभी-कभी कोचवान की आवाज़ भी शामिल हो जाती थी।

रावी 1 : सुबह की रौशनी में शहर बहुत हसीन नज़र आ रहा था। दोनों तरफ़ दूर तक दरख़्तों की क़तार थी। दूर उफ़क पर बंदरगाह की कोहरे में धुँधलाई हुई तस्वीर जमी थी। जहाज़ों

की आड़ी-तिरछी लकीरें नज़र आईं, दो जहाज़ बीच समुंदर में एक-दूसरे के क़रीब आते-आते आपस में मिलकर एक हो गए और दफ़तन फिर अलग होकर दो अलग-अलग दिशाओं में दूर तक निकल गए।

रावी 2 : एक तरफ़ सेरापीस के मंदिर के खँडहर थे। उन पर भी एक उदास हुस्न छाया हुआ था।

रावी 1 : दूसरी तरफ़ लाइब्रेरी के टूटे हुए खंभे थे। वो भी किसी दास्ताने-पारीना के अलामत बने खड़े रह गए थे, और शहादत दे रहे थे कि यह सुकून मौत का सुकून है।

रावी 2 : इधर-उधर कुछ लोग चल फिर रहे थे। उनकी रफ्तार में भी एक सुकून था।

रावी 1 : कुछ अपनी दुकानें खोल रहे थे। कुछ क़हवा पी रहे थे।

रावी 2 : एक वर्जिशी बदन का नौजवान हिपेशिया की बग्घी से आगे तेज़ी से गुज़रता हुआ दूर तक दौड़ता चला गया और फिर आँखों से ओझल हो गया।

रावी 1 : सड़क साफ़-शफ़्फ़ाफ़ और सूनी थी। सामने मैंगनियों की लाइन नज़र आई, दूर ऊँटों की क़तार चली जा रही थी।

रावी 2 : कहीं से एक सीगल शोर मचाती हिपेशिया के सर पर से गुज़र गई।

रावी 1 : दूर आसमान की बलन्दियों पर एक गिद्ध चक्कर काट रहा था।

रावी 2 : अजीब समाँ था। ऐसा बिल्कुल महसूस नहीं होता था कि थोड़ी ही देर में फ़ज़ाओं में एक ऐसी झनझनाहट पैदा हो जाएगी, जो अस्कंदरिया का नक्शा ही बदल देगी।

दृश्य आठ

(हिपेशिया की क्लास)

(बातचीत करते हुए हिपेशिया और छात्र आते हैं। कोचवान हिपेशिया की सीट पर किताबें रखकर बाहर जाता है। क्लास लगती है।)

हिपेशिया : बिलाल नज़र नहीं आ रहा है।

(सब लड़के दरवाज़े की तरफ़ देखते हैं।)

ग्रेगरी : आ गया।

लड़का 2 : दौड़ता हुआ चला आ रहा है।

(बिलाल हाँफता हुआ दाखिल होता है।)

बिलाल : माफ़ कीजिएगा।

हिपेशिया : नहीं-नहीं, आखिर तुम वक्त पर आ ही गए।

बिलाल : दुकान बंद करने में ज़रा देर हो गई।

हिपेशिया : दुकान बंद करने में या दुकान खोलने में?

बिलाल : दोनों काम करने पड़े। दुकान खोली ही थी कि वालिद ने कहा दुकान बंद करने में मेरी मदद करो।

हिपेशिया : क्यों?

बिलाल : आज सेंट थोमेसियस की मय्यत निकलेगी ना?

हिपेशिया : सेंट थोमेसियस नहीं, अमोनियस।

बिलाल : जी। इसीलिए लोग जल्दी-जल्दी अपनी दुकानें बंद करने लगे।

हिपेशिया : क्यों? क्या हड़ताल कर दी गई है?

बिलाल : जी नहीं। मालूम नहीं क्यों? शायद आज भी लूटमार शुरू हो जाए।

हिपेशिया : अच्छा! अब बैठ जाओ और बाज़ार की फ़िक्र मत करो। क्लास में ध्यान दो। अभी तक जो कुछ पढ़ाया गया है, उस पर हम लोग बार-बार नज़र-सानी करते रहे हैं। फिर भी किसी सवाल पर किसी को कुछ और पूछना है तो उसके लिए यही वक्त है। *(वक़्फ़ा)* बिलाल। डायाफेंटस के इक्वेशन के बारे में तुम परेशान थे। तुम्हें जो पर्फेक्ट स्क्वेयर के लिए तीसरे नंबर की तलाश थी, वो तुम्हें मिल गया?

बिलाल : जी? *(वक़्फ़ा)*

हिपेशिया : क्लास में ध्यान दो बिलाल। बाज़ार की फ़िक्र छोड़ो। तुम्हें पहले इक्वेशन्स तय कर लेने के लिए कहा गया था।

बिलाल : जी, उसका हल हमें मिल गया। क्यों ग्रेगरी? उस पर हम दोनों ने मिलकर काम किया था। ग्रेगरी ने और मैंने।

ग्रेगरी : जी हाँ, वो इक्वेशन हम लोग समझ गए हैं।

हिपेशिया : हूँ। अपोलिनियस के कोनिक्स भी आप लोग अच्छी तरह समझ गए हैं? यह बहुत ज़रूरी है। कोई बता सकता है क्यूँ? बिलाल?

बिलाल : इसी के आधार पर हायपरबोला, पेराबोला और एलिप्स की कल्पना की जा सकती है।

हिपेशिया : ठीक। इस साल के कोर्स में से कोई सवाल? मेकेनिक्स? यूक्लिड के एलीमेंट्स, उसकी ज्यॉमेट्री? इनमें किसी विषय पर किसी को कुछ पूछना है?

सब : जी नहीं।

हिपेशिया : अब कोर्स के अलावा कोई और बात आप लोगों को पूछना हो तो पूछ सकते हैं। हाँ, वो लड़के जिन्हें कुछ जल्दी हो वो बेशक जा सकते हैं। *(वक फ़ा)* ठीक है, मैं देख रही हूँ

कि किसी को कोई जल्दी नहीं है। पूछिए। *(वक़्फ़ा)*

बिलाल : हिपेशिया, कैनॅन्स किसे कहते हैं।

हिपेशिया : कैनॅन्स? भई कैनॅन्स, कायदे कानून को कहते हैं। तुम किस चीज़ के कैनॅन्स के बारे में पूछ रहे हो? भई जो किताब मैंने लिखी है द एस्ट्रॉनॉमिक्ल कैनॅन्स, वो आप लोग पढ़ चुके हैं। क्या उसमें से कुछ पूछना चाहते हो?

बिलाल : जी नहीं। मैंने बाइबिल में भी कैनॅन्स के बारे में सुना है। क्या कैनॅन्स दूसरे मज़हब की किताबों में भी होते हैं?

हिपेशिया : अच्छा अच्छा। नहीं। सिवाय बाइबिल के कैनॅन्स दूसरे मज़हबों में नहीं मिलते। इन मानों में कैनॅन्स का परिचय यह है कि एक मज़हबी कमेटी या कौंसिल बनाई जाती है, जो किताबों का संकलन तैयार करती है। और इन प्रसंगों को सरकारी सनद दी जाती है। यानी सरकारी तौर से चर्च मंजूर कर लेती है। इसी को कहते हैं कैनॅन्स। और कुछ?

बिलाल : मिस्र के मज़हबों में कैनॅन्स क्यों नहीं होते?

हिपेशिया : मिस्र में कैनॅन्स की ज़रूरत कभी महसूस नहीं हुई। हाँ सिर्फ़ एक बार एक फ़िरऔन था। अखनैतून। अखनैतून के बारे में कौन बता सकता है? ग्रेगरी?

ग्रेगरी : उसने एक वाहिद देवता का तसव्वुर पेश किया था। सूरज के अलावा उसने दूसरे सब देवताओं से इंकार कर दिया था। उसके यहाँ वहदत या इकाई का एक तसव्वुर मिलता है जो बाद में ख़त्म कर दिया गया। ये हज़ारों साल पहले की बात है लेकिन उसका असर आगे चलकर यहूदी और ईसाई मज़हबों पर पड़ा।

हिपेशिया : इस सिलसिले में अगर आप लोग साइनिसियस की किताबें पढ़ें तो बहुत कुछ समझ में आ जाएगा।

बिलाल : आप किस चीज़ को अच्छा मानती हैं? कैनॅन्स को या आज़ाद ख़याल को?

हिपेशिया : भई मेरी नज़र में मज़हब एक एटीच्यूट है। मैं मज़हब को एक तरीकाए-हयात् मानती हूँ। ज़िंदगी बसर करने का एक तरीका। बलंद अख़लाक़ की ज़िंदगी, मोरल ज़िंदगी। मसलन् अगर मैं यह कहूँ कि मेरा मज़हब साइंस है या फ़लसफ़ा तो ग़लत न होगा। और कोई सवाल?

बिलाल : जी नहीं।

(वक़्फ़ा)

हिपेशिया : अच्छा तो मेरे नौजवान दोस्तो, मैं आज की अपनी इखतितामिया तक़रीर में, बस इतना कहना चाहती हूँ कि जो शख़्स सच्चाई की तलाश में रहता है, उसे कभी-कभी बल्कि अकसर-औक़ात झूठ को भी अपने काम के दायरे में लाना पड़ता है ताकि उसे जाँच सके, उसे रौशनी में लाए और परखे। क्योंकि वह सच को भी उस वक्त तक सच नहीं मानता जब तक वो उसे सच साबित न कर दे। आँख दिमाग़ के साथ वही निस्बत रखती है जो रौशनी पदार्थ के साथ रखती है। और जिनकी आँखें कमज़ोर हैं, उन्हें अँधेरे ही से ज़्यादा मदद मिलती है, उसी तरह झूठ भी उन्हीं लोगों को ज़ेब देता है, जिन्हें सच की रौशनी से तकलीफ़ होती है। कुछ लोग हैं, अपने पुरगुरूर सर लिए घूमते हैं, बड़े-बड़े उसूलों की बात करते हैं, और वो सब चीज़ें सिखाने का भरम रखते हैं, जो ख़ुद उन्होंने कभी सीखी ही नहीं। दो-एक ख़ुशामदियों को वो अपने साथ लिए घूमते हैं, ऐसे लोग जिनका ज़मीर आलूदगी से पाक नहीं, ऐसे लोग जो कभी स्कूल नहीं गए, जिन्होंने कभी तालीम हासिल नहीं की। जो दूसरों से मिलते-जुलते भी नहीं कि कहीं उनकी जहालत कम न हो जाए। ऐसे लोग ख़तरनाक होते हैं, जो दूसरों को गुमराह करने में लगे रहते हैं, जो अक्ल का भरम इस तरह रखते हैं जैसे किसी और के पास अक्ल नाम की कोई चीज़ है ही नहीं।

वो लोग जो मिरगी के मरीज़ हैं, बस उन्हीं लोगों के अंदर चाँद अपने ठंडे असरात पैदा करता है। इसके बरअक्स वो लोग, जिनके दिमाग़ के अंदर से फूटी हुई किरनें उनके दिल तक उतर जाती हैं, वो बरगज़ीदा हैं, ऐसे ही लोगों के दिलों में वो चिनगारी होती है जिसे अक्ल कहते हैं। यही वो रौशनी है, जो दिमाग़ वाले के लिए इल्म का सबब बनती है। और जानने के लायक़ चीज़ों के लिए उनके पहचाने जाने का सबब बनती है। उसी तरह जिस तरह मामूली रौशनी हमारी नज़र में रंगों को उजागर कर देती है। रौशनी हटा लीजिए, बस फिर अँधेरे के सिवा और कुछ नहीं रह जाएगा।

(बाहर से राहिबों का शोर)

मैं यह मानती हूँ कि कोई भी ऐसा ख़याल, जो दूसरी दुनिया का डर दिल में बिठाकर या किसी और तरीके से हुक्म लगाकर आदमी के दिमाग़ को ज़ंजीरों में जकड़ ले, वो ग़लत है। इससे ख़याल में बंदिश आ जाती है, तरक़्क़ी के रास्ते मसदूद हो जाते हैं, रुक जाते हैं। कोई नया ख़याल पैदा होने की गुंज़ाइश नहीं रह जाती। नया ख़याल कहता है : अपने आपको जानो। बस नया ख़याल आज़ाद होता है। लेकिन इसका नतीजा होता है ज़िम्मेदारी। नया ख़याल अपने साथ एक ज़िम्मेदारी का अहसास पैदा करता है। या तो आप अपने ख़याल के मुताबिक़ जिएँ, और या फिर उसे खो दें, और ख़मियाज़ा भुगतें। और अगर आप अपने ख़याल के मुताबिक़ जीते हैं, तो गोया आप आज़ाद हैं। सही मानों में आज़ाद। फिर आपको मौत भी नहीं डरा सकती, जहन्नुम भी नहीं डरा सकता, फिर दुनिया की कोई ताक़त आपका कुछ नहीं बिगाड़ सकती। (*तालियाँ*) मेरे बच्चो, बस इसी बात पर मैं अपनी तक़रीर ख़त्म करती हूँ। अलविदा।

(उस वक्त तक हल्का-हल्का शोर नारों का सुनाई देने लगा

था : 'सेंट थोमेसियस ज़िंदाबाद।' 'गवर्नर ऑरिस्टीज़ मुर्दाबाद।' 'गर्व से बोलो कौन हैं हम, है ईसाई अपना धरम।' 'फादर सिरिल ज़िंदाबाद।' 'रीडर पीटर ज़िंदाबाद।' वग़ैरह वग़ैरह)

बिलाल : हिपेशिया।

सब छात्र : ज़िंदाबाद।

(लड़के जाने लगते हैं। हिपेशिया देखती है कि कुछ लड़के जाते-जाते रुक गए हैं और उसका इंतिज़ार कर रहे हैं। वह टहलते-टहलते बैठ जाती है, और कुछ पढ़ने की कोशिश करती है। लड़के यके बाद दीगरे सब चले जाते हैं। सिर्फ़ बिलाल अभी तक खड़ा है।)

हिपेशिया : बिलाल *(वक़्फ़ा)* खड़े क्यों हो? *(वक़्फ़ा)*

बिलाल : आप घर नहीं जाइएगा। *(वक़्फ़ा)*

हिपेशिया : जाऊँगी। जल्दी क्या है? *(वक़्फ़ा)*

बिलाल : मैं सोच रहा था, *(वक़्फ़ा)* मैं भी आपके साथ, चले चलता। *(वक़्फ़ा)*

हिपेशिया : नहीं। तुम जाओ। मैं चली जाऊँगी। *(वक़्फ़ा)*

बिलाल : मय्यत का जुलूस निकल चुका है। *(वक़्फ़ा) रास्ते मख्दूश हैं। (वक़्फ़ा)*

हिपेशिया : यह यूनिवर्सिटी कैंपस है। यहाँ जुलूस नहीं आएगा। *(वक़्फ़ा)*

बिलाल : शोर बढ़ता जा रहा है। शायद वो लोग इसी तरफ़ आ रहे हैं।

हिपेशिया : अगर आते हैं तो आने दो। हम लोग अपनी शिकस्त क्यों मानें? अक्ल की लड़ाई में हाथापाई, लाठी-बल्लम से तो काम नहीं ले सकते, है ना? *(वक़्फ़ा)* जाओ, तुम निकल जाओ *(वक़्फ़ा)* मेरी फ़िक्र मत करो। मैं अकेली जाऊँगी। *(वक़्फ़ा)*

बिलाल : मुझे *(वक़्फ़ा)* डर लग रहा है।

हिपेशिया : डर मुझे भी लगता है बिलाल। मैं कोशिश कर रही हूँ क्रि डर पर काबू पा सकूँ। तुम अब जल्दी निकल जाओ, ताकि